教学行为指导丛书

丛书主编 **郑金洲**

如何分析学情

程 胜 著

华东师范大学出版社
·上海·

图书在版编目(CIP)数据

如何分析学情/程胜著. —上海:华东师范大学出版社,
2014.4
(教学行为指导丛书)
ISBN 978-7-5675-2287-9

Ⅰ.①如… Ⅱ.①程… Ⅲ.①中小学—教学研究
Ⅳ.①G632.0

中国版本图书馆CIP数据核字(2014)第162997号

教学行为指导丛书
如何分析学情

著　　者　程　胜
责任编辑　吴海红
审读编辑　朱瑾和
责任校对　胡　静
装帧设计　卢晓红
封面插图　李兴无

出版发行　华东师范大学出版社
社　　址　上海市中山北路3663号　邮编200062
网　　址　www.ecnupress.com.cn
电　　话　021-60821666　行政传真021-62572105
客服电话　021-62865537　门市(邮购)电话021-62869887
地　　址　上海市中山北路3663号华东师范大学校内先锋路口
网　　店　http://hdsdcbs.tmall.com

印刷者　常熟市文化印刷有限公司
开　　本　787毫米×1092毫米　1/16
印　　张　11
字　　数　179千字
版　　次　2014年11月第1版
印　　次　2026年1月第7次
书　　号　ISBN 978-7-5675-2287-9
定　　价　31.00元

出版人　王　焰

(如发现本版图书有印订质量问题,请寄回本社客服中心调换或电话021-62865537联系)

《教学行为指导丛书》总序

教学，尤其是课堂教学，是教育实践中的核心领域，反映着教育实践的状态，体现着教育实践的发展水平。在一定程度上，认识了教学，也就理解了教育；反言之，对教学缺乏认知，也就谈不上对教育的深刻把握。

进入 21 世纪以来，我国的教育教学改革不断推向深入，素质教育的全面实施、新课程改革的持续深化，都给教育带来一系列新变化，给教学带来一系列新观念。“为学生提供适合的教育”、“一切为了学生的发展”、“把学习的权利还给学生”，诸如此类的说法，已经深入人心，甚至成为教育教学实践的基本话语形式。这些观念顺应当代教育的发展趋势，把学生置于突出地位，彰显出学生在教学活动的重要价值。与以往沿袭多年的教学观念相比，变化甚剧。我们知道，教学观念是对教学的根本认识，在教学活动中，观念意味着定位，观念意味着主线，它规范和引导着教学活动的开展，制约和限定着教师与学生的具体行为。

观念需要以行为为支撑。观念先行，才会引发教学的整体变化；观念更新，只有引发行为上的相应调整才有意义，才有生命力。我国的传统文化向来强调伦理纲常，把师生的不平等、忽视学生个性等有意无意当作教学的常态行为。我国现代意义上的学校是近代工业化推进的产物，整齐划一地看待学生、重视教师的知识传递其实已经多少成为教学的“基因组成员”。我们的教学观念向学生转变了，至少是向师生结伴成长、共同发展的方向迈进了，这无疑是重要的一步。接下去，更为重要的一步，是把观念“变现”，具体化为行为，细化为教学的操作步骤。这一步，难度更大，也更有挑战性。如果实现不了这一转化，我们的教学观念完全有可能走“回头路”，杀“回马枪”，重新回到原有的轨道上去，用以前习惯了的行为支配教学。基于这种认识，以新教学观念为指导，厘清教学活动中的各类行为，明确教学实践的基本要领，也就变得日益重要了。

教学行为指导，有着把教学中林林总总的行为加以规范化的意蕴，这和教学的艺术化、个性化或者说教师实践智慧的生成并不矛盾。我一向认为，教学的行为变化，大致可以分成这样几个环节：内化——外化——优化——固化——活化。内化是指我们的教学观念在头脑中产生变化，形成关于教学的一系列新认识、新看法；外化是指在内化的观念引导下，教师有意识地转变自己的教学行为，将观念体现为具体生动的实践；初步的外化带有不确定性，常常是泥沙俱下、鱼龙混杂、良莠不齐，在此基础上需要在教学过程中进一步优化；优化了的教学活动不断在实践中验证其正确性，而且确确实实促进了学生的健康发展，带来了师生行为的合目的性、合规律性的变化，就可以将其相对固定下来，成为一段时间行动的基本遵循；固化不等于一成不变，基本遵循不等于亦步亦趋，实践活动是丰富多彩的，教师的教学感受是随情景不断变化的，教师在掌握了相对固化的行为模式后，在具体的教学实践中生成自身的新智慧，找到解决问题的新方法，也就将教学带入了一个新的境界，呈现出艺术化的水平。这几个环节一脉相承，前者是后者的基础，后者是前者的升华。

教学观念的转型或者说更新，引发教学行为深刻变革，对教学行为进行指导看来这是必然的逻辑。随之而来，还有另外一个问题，那就是谁来指导。从理论上来说，能够担当指导职责的人，应该是既精通理论又深谙实践，对教育教学理论前沿洞若观火同时对教育教学实践体察入微的人。这样的人具有指导的权威，而且指导富有力量。但在实践中，寻找这样的指导者甚为困难，了解理论的不见得熟悉实践，在实践中摸爬滚打的不见得有理论素养，因而“合二为一”就难以如愿。在我看来，行为指导一定意义上还是理论指导，还属于一般性质的概要指导，它还是在规范化或者说科学化上做文章，是对教学的带有普遍性的行为特征进行描述和说明。它无法也不能进入到每一个教学行为的具体细部，直面每一个教师提出具体的行为指导要求。这种指导的概括性仍然很强，仍然需要有较深的理论基础，同时也需要对实践有一定的认知。而承担这一任务的较为合适的人选是占有理论、具有新颖观念且在实践“二线”工作的人员，比如在教育学院、教育管理机构等单位或部门工作的人员。本套丛书的作者基本属于这一类别。

如何分析学情、如何撰写教案、如何运用教学方法、如何管理课堂、如何激发学习兴趣、如何进行学生评价、如何进行教学反思，这些司空见惯的教学行为，怎样定位？有何特征？如何实施？注意哪些事项？教师面对哪些新挑战？本套丛书分门别类就这些问题进行了分析，给出了答案。书中的指导性意见，反映了理论的基本要求，实现了观念向实践的转变，也浓缩和提炼了许多一线老师的智慧，相信会给阅读者一定的启示。丛书的编写，错谬难免，敬请读者指正。

郑金洲

2014 年 10 月

目录

第一章
新课程与学情分析

随着新课改的深入，课堂教学正力图实现从知识本位、学科本位向关注每一位学生的发展的转变。关注每一位学生的发展，不仅要关注学生的整体特征，更要关注学生的个体差异。语文特级教师于漪指出：学生的情况、特点，要努力认识，悉心研究，知之准、识之深，才能教在点子上、教出好效果。可以说，加强学情分析、整体性把握学生、个性化分析学生，是课堂有效教学的起点。

第一节 什么是学情分析

学情分析并不是一个新词语。中国古代孔子提出的"因材施教"、"不愤不启，不悱不发，举一隅不以三隅反，则不复也"等教育思想，就包含着学情分析。20世纪80年代初，针对中学生学习能力不强、学习质量不高、学习负担过重等情况，国内学者开展了学情研究。当时的研究者主要研究了怎样进行预习、怎样上好课、怎样对待练习和作业、怎样阅读和复习、怎样应考、怎样思维和记忆等方面。① 只是由于我国中小学长期存在"教师中心"、"知识中心"等弊端，学情分析没有得到应有的重视。

新一轮基础教育课程改革的目标之一是要改变课程过于注重知识传授的倾向，要求学生形成积极主动的学习态度，使获得基础知识与基本技能的过程同时成为学生学会学习和形成正确价值观的过程。"人(学生)的回归"是新课程改革的重要理念，它意味着在教学过程中学生不再是抽象的，而是具体的、生动的。在这种背景下，尊重学生的差异、关注学生学习的过程成为课堂教学一个非常重要的切入点，这凸显了学情分析的重要性。在教学实践中，一些教师也日益认识到教学设计要充分考虑学生的实际情况，突出对学生的理解。更有人指出，学情分析是一种最基本、最重要、最不该被"遗忘"的教学资源。②

学情分析，从字面理解即是对学情的分析。学情究竟是"学生情况"的缩略语，还是"学生学习情况"的缩略语？对这一问题的不同理解，决定着学情分析的内容框架。如果说学情是"学生情况"的缩略语，那么学情分析就应该包括学生成长、发展的方方面面，如身体、心理、智力、情感态度等。如果说学情是"学生学习情况"的缩略语，那么学情分析的重点就是与学习某些知识和技能相关的学生情况，而应忽略与此关系不大、不太相关的学生情况。两种解读方式都具有合理性，但第一种解读的内容要比第

---

① 参见林天卫:《中学生学情调查与学习指导研究》，载《现代教育论丛》，1998年第2期。
② 周一贯:《"学情":不该遗忘的教学资源》，载《语文教学通讯》(小学刊)，2003年第6期。

二种解读更为宽广。相对而言，第一种解读更适合学期伊始的学情分析和班主任工作的学情分析，而第二种解读则更适合任课教师对课时学情、单元学情的分析。①

学情分析的目的是“以学定教”，找出影响学生课堂学习的有关因素，为教学设计和教学实践提供行动的基础和策略指南，促进学生更好地学习。学情分析既包括教育教学理论方面的分析，也包括实践层面的分析，但在不同学生观的观照下，教师对学情的理解并不是完全一样的。因此，“学情分析”是一个实践话语，在不同的时代有着不同的阐释与实践。

在传统教学观的制约下，中小学课堂尤其重视知识的教学，即知识的传授是课堂教学的中心任务甚至是唯一任务，准确全面地解读教材、把握教材和讲授教材是课堂教学的基本特征。如何“教”是教师关注的焦点，至于学生如何“学”，并不能真正成为教师关心的问题，即使教师对学生进行一些分析，其目的也是为了更有效地“教”。许多教师将“备学生”当成学情分析的全部，这不仅是从静态的角度理解学情分析，而且将学情分析局限于教学设计阶段。

在新课程里，学生在课堂教学中的行为表现受到更多的关注。“把课堂还给学生，让课堂充满生命活力；把班级还给学生，让班级充满成长气息”不仅是教育理论的强烈呼唤，也成为教育实践的实际行动。在这种背景下，教师不仅要确定“教什么”，还要了解学习者特征、传输教学的环境以及所学技能的最终应用情景，以便确定“怎么教”以及“怎么学”。

除了“学情分析”外，还有其他一些术语，如“学习者分析”、“学习者特征分析”、“教学对象分析”、“教学设计前提分析”等等。这些术语名称各异，但其实际内涵与“学情分析”基本一致。不过，关于学情究竟是什么，研究者们似乎并没有完全达成共识，大家都是在用同一个“能指”（学情）表达不同的“所指”（指向的内容与对象）。有论者对当前有关“学情”的表述进行了梳理与归纳：

> 有的教师认为“学情”即学生学习的情况，包括对学习的认识、学习态度、学习动机、学习兴趣、学习方法、学习能力、学习环境、学习成绩等情况。这样的“学情”所指太宽泛，忽视了“学情”与具体课堂情境的关联。另一种意见，认为“学情”是学生在学习过程中所表现出来的不同能力差异和特点的具体

① 邵燕楠等：《学情分析：教学研究的重要生长点》，载《中国教育学刊》，2013年第2期。

情状。这样的“学情”看似注意到了课堂中的“学习过程”和“个体差异”，但仍未揭示“过程性”的具体内涵。有的教师认识到了具体课堂情境中的学情要素，认为“学情”是指学习者在某一个单位时间内或某一项学习活动中的学习状态，它包括学习兴趣、学习习惯、学习方式、学习思路、学习进程、学习效果等诸多要素。学情具有客观性、动态性、可知性、多样性。这种意见关注到了学情的几大特性和过程状态，但起点与终点要素尚付阙如。而有的教师用“学情”专指学生的情意状态，认为学情指的是学生观察事物、理解知识、掌握技能、发展智能、培养良好的非智能因素，成为具有个体发展优势的全面发展的现代社会所需要的年轻一代的客观过程，是学生学习的客观规律的体现。①

不同的研究者出于各自的视角及需要，对学情的理解是不一样的，因此，要对学情下一个精确的规定性定义是很难的。但无论怎样，“学生”和“学习”都是学情分析的核心要素。

从“学生”的角度看，学生是学情分析的主体对象。对学生的分析是为了了解学生的学习准备情况及其学习风格，为学习内容的选择和组织、学习目标的阐明、教学活动的设计、教学方法与媒体的选用等教学外因条件适应学生的内因条件提供依据，对作为“人”的学生的分析，必然涉及“人”的心理、生理和社会因素等多个方面。这些因素彼此交叉，相互影响。

如果从“学习”的角度理解学情分析，这里的学习指的是课堂教学中的学习，是在教师的指导、引领下进行的学习，而不是其他形式与意义上的学习，如自学。从时间跨度来看，课堂教学包括课堂教学展开的准备阶段、课堂教学的进行阶段以及课后的反思阶段，即课堂教学设计、课堂教学实施和课后教学反思三个阶段。完整的学情分析应该涵盖课堂教学的全部过程。

结合“学生”和“学习”两个方面，我们可以对学情进行描述性的概括：学情是指影响课堂教学设计与实施并与学生有关的基本特征和基本情况，如学生在学习方面有何特点、学习方法怎样、习惯怎样、兴趣如何等。影响课堂教学的学生特征是多方面的：既有学生的共同特征，也有学生的个性因素；既有学生的心理因素，也有学生的社会

① 陈隆升著：《语文课堂“学情视角”重构》，上海教育出版社 2012 年版，第 35—36 页。

因素;既有学生性格中稳定的因素,也有学生随情景不同而产生变化的因素。这就决定了学情分析的全面性、多样性以及复杂性。需要指出的是,不是所有学习者的特征都属于学情的范围,只有那些影响到课堂教学的特征因素才是学情分析的对象。

教学设计中的学情分析,也就是我们常说的备课过程中对学生的分析。在中小学,"备学生"、"备教材"、"备教法"是教师备课的必需内容。其中,"备学生"主要是了解学生对一定学科的有关知识、技能掌握的范围和质量,了解他们的学习兴趣和学习态度,了解他们的思维特点、自学能力和学习习惯。在了解学生的基础上,预测他们在学习新教材中可能出现的问题。传统的"备学生"是在"知识中心论"的观念下展开的,是"知识本位论"的学情分析,其逻辑起点是知识而不是学生,它把"备学生"仅仅当作课堂教学设计中的一个环节来处理,人为割裂了学情分析与教学实施之间的有机联系。但是,它强调教师对学生基本特征和学习基础进行有效的了解、分析与描述,这同样为新课程所重视。

教学设计中对学生的分析具有以下特点:既包括学生相关知识、学习能力与习惯、思维水平等方面的具体分析,也包括对学生在学习新知识时可能遇到的困难与障碍的分析,还包括对学生潜在发展可能性的思考;既要分析学生的心理和认知的一般特征,使课堂教学能够适应全班学生的需要,也要深刻理解学生存在的个性与差异,促进学生个性化发展;既要考虑教学内容是否为学生所熟知,能否引起学生的学习兴趣,是否与学生已有的知识基础相适应,也要考虑如何根据学生的实际情况对教材内容进行改编,以学情决定教学内容;既要考虑到老师与学生的关系,加强师生之间的双向互动与平等对话,建立民主、平等、和谐的课堂氛围,使教学过程面对全体学生,也要考虑到教学过程中学生之间的互动关系,通过自主探究、合作交流的方式,让每一位学生都能够在思想观念的交流碰撞中获得理解、感悟,激发灵感,进行创造……

关于课堂教学设计中的学生分析,国外有专家提出,可以从以下几个方面描述学习者的特征:(1)认知特点,包括学生特定的先行知识、一般能力、特殊能力、发展水平、语言发展水平、阅读水平、认知加工的风格、认知和学习策略等;(2)生理特征;(3)情感特征,包括兴趣、动机、对学科内容的态度、学习态度、对特殊形式媒体的感知和经验、学业自我概念、焦虑水平、信念和对成功的归因等;(4)社会性特征,包括同伴关系、对权威的态度、合作或竞争的倾向、道德水平、社会经济背景、种族(民族)背景、从属关系和榜样等。[①] 国内也有学者指出，教学设计时对学生的分析包括分析学生对从事特定的学科内容已经具备的有关知识与技能，以及对相应的学习内容的认知与态度，即确定学生的初始能力和教学起点，同时也包括对学生一般特征的分析，即分析对学生的学习产生影响的心理、生理和社会特点，还有学生的学习风格。[②]

教学实施过程中的学情分析，是指课堂教学中教师对学生实时的学习状态进行分析，根据学生的实际情况及时调整教学进程，以适应学生的真实需要。在课堂教学中，学生的学习状态能够通过一定的行为表现出来，如课堂提问、合作学习等。教师可以通过观察学生在学习活动中的表现和行为，了解学生是否对教学内容感兴趣，学生是否掌握了教学内容，学生的课前预习是否充分等。当然，教师不仅要及时了解学生的这些外在的学习行为，更要通过分析学生的外显的行为，来把握学生内隐的学习状态。

课后学情分析，是指课堂教学结束后，教师在进行教学反思的过程中对学情进行分析。课后学情分析可以通过两种方式进行：一种是课堂教学结束后，教师第一时间对课堂教学过程中获得的学情信息进行分类归纳，发现教学过程中的不足之处，并及时地纠正；还有一种是教师通过对学生作业完成的情况进行分析，发现课堂教学设计和课堂教学过程中存在的问题再加以改善。学生完成作业的情况是学生学习结果的直接体现，也是课堂教学有效与否的直接体现。

第二节　为什么要进行学情分析

美国教育心理学家加涅指出："教学可以被看成是一系列精心安排的外部事件，这些经过设计的外部事件是为了支持内部的学习过程。"学情分析是实现因材施教、提高教学效率的前提，具有很重要的意义，它不仅决定着课堂教学能否实现由"教"向"学"的转换，也决定着学生的学习方式能否实现多元化、个性化，甚至影响着教学能否真正

① [美]P·L·史密斯等著，庞维国译：《教学设计》(第三版)，华东师范大学出版社，2008年版。
② 杨九民等著：《教学系统设计理论与实践》，北京大学出版社，2008年版。

成为“精心安排的外部事件”。

首先，学情分析是重建课堂教学的需要。课堂本是师生交往互动的舞台，然而在很多中小学，教师才是课堂的“主宰者”，唱着“独角戏”。教学过程呈现教条化、模式化、单一化、静态化等弊端，学生少有自己活动的余地，大多时候都充当着“静听者”的角色。这样的课堂，哪怕再“精彩”，它也只是展示了教师的才华，却不能挖掘学生的潜能，给学生发挥的空间。

一百多年前，美国教育家杜威对当时美国学校的课堂进行如下描述：如果我们想象一间普通的教室，一排排难看的课桌按几何顺序摆着挤在一起，以便尽可能没有活动的余地，课桌几乎全都一样大小，桌面刚好只放得下书籍、铅笔和纸，外加一张讲桌，几把椅子，光秃秃的墙，可能有几张图片，凭这些我们就能重新构成仅仅能在这种地方进行的教育活动。一切都是为“静听”准备的，因为仅仅学习书本上的课文不过是另外一种“静听”。[①] 八十年前，我国学者郑宗海这样描述我国当时的教育情形：“今日中等学校之教学，因不谙方法之故，浪费滋多。以下各种情形颇非罕见：(1)国文教员将选文注解写满黑板；(2)初中一二年级学生令读桐城派味淡声稀的古文，或充满了哲学意味的白话文；(3)英文上课时只听到教员讲读，不闻学生有口语练习；(4)算学上课时尽由教员讲，不去引起学生自己的思想；(5)先指名，后发问；(6)复述学生的答语。不但中学教员如此，即小学教员之师范出身，于教法能得充分修养者，犹不多见，其他更何论。”[②]时至今日，杜威和郑宗海所描述的课堂情境在一些中小学似乎并不少见，这不能不引起我们的反思与警觉。

当课程改革进入到学校实践时，很多教师的课堂教学价值观还留在“传递知识”上，虽然有些教师已关注到学生技能、技巧，甚至能力和智力的发展，但大多仅为点缀。这一点我们可以从教室里课桌椅的布置和教师教学的过程中体会出来。当前中小学的教室仍以秧田式、排排坐为主要形式，这是有利于教师控制的空间布置。老师讲，学生听的“静听式”的教学模式仍然大行其道，教学的重心并没有发生革命性的变化。课堂教学之所以难有“革命性”的变革，重要原因就是教师缺乏学生的立场，或者说教师缺少“学情视角”，没有从学生的角度去审视、思考课堂教学。

落实新课程，构建新课堂，就必须认识学生、尊重学生，这就需要分析学情。教师

① [美]杜威著，赵祥麟等译：《学校与社会·明日之学校》，人民教育出版社 2004 年版，第 39 页。
② 郑宗海：《教育方法必要论》，载《教与学月刊》创刊号，1935 年 7 月。

必须习惯要从“教”出发的立足点转换到从学生的“学”出发，要充分考虑学生的实际，考虑他们想学什么，怎么学，学的过程中会碰上哪些障碍，怎样帮助解决，怎样才能使他们发挥积极性，让他们有主动学习的时间与空间，怎样才能挖掘学习的潜能，让他们有所发现，有所创造。① 从学情视角重构课堂，以学生的“学习获得”来评价课堂教学的实效，已经成为各国课堂研究的共同趋势。② 这意味着由原来以教学理念、教学效果来评价课堂教学转向以学生学习效果评价课堂教学，这种转变对于课堂教学具有很重要的指导意义，它使学生的主体地位在课堂教学中真正得以确立。教师必须重视学生参与课堂教学的过程，特别是学生在参与过程中是否表现出主动性、积极性和创造性，即课堂教学中的学情。

其次，学情分析是转变学生学习方式的需要。课堂教学由教向学的转变，最终体现在学生学习方式的变革上。没有学生学习方式的转变，课堂教学的改革就不是真正的改革。新课程明确提出，教师在教学过程中要与学生积极互动、共同发展，要处理好传授知识与培养能力的关系，注重学生的独立性和自主性，引导学生质疑、调查、探究，在实践中学习，促进学生在教师指导下主动地、富有个性地学习。陶行知早就指出的“教的法子必须根据学的法子”，“怎么学就怎样教”，是实现学生学习方法向多元化和个性化转变的根本要求。教学活动要围绕学生展开，以激发学生的学习动机，引发学生的学习兴趣，满足学生的学习需要，切合学生的学习水平为出发点和落脚点，离不开教师对学生的了解，离不开教师对学情的关注和分析。以下这一案例很好地说明了这一点。

> 一天，在进入三(1)班之前，我还把自己定位为认真关注学生的那一类“优秀”教师，直到看见小雯的眼泪，我开始心慌了。那节课的教学内容是“品德与社会”三年级上册《各种各样的传媒》一课。根据教参以及其他老师的教案，我将本节课的重点定位在针对学生过度看电视的情况，对学生加强教育，让他们明确看电视要有节有度。可是，当我请班里一向沉默的小雯汇报她看电视的情况时，她却回答：“老师，我妈妈从来都不让我看电视。”伴着叹息，她的泪珠滚滚而下。“是啊，是啊……”班里的其他学生也纷纷附和起来，全然不顾我的目瞪口呆。

---

① 于漪著：《我和语文教学》，人民教育出版社 2003 年版，第 155—156 页。

② 杨玉东：《课例研究的国际动向与启示》，载《全球教育展望》，2007 年第 3 期。

本课的主要问题不是过度看电视吗？怎么会变成这样？我被教参“欺骗”了？就这样，我在一声叹息中“铩羽而归”。有了这个惨痛教训，我在三(2)班上课时，根据小雯反映的情况及时调整了教学重点。“同学们，爸爸妈妈都不让你们看电视，是吗?”我信心满满地开始了第二度教学。

“不是，我爸爸妈妈让我看电视”、“老师，我每天都看《喜羊羊和灰太狼》呢”、“老师，我们看电视没问题”……

学生们七嘴八舌地聊开了，场面颇为热闹，可就是没有孩子提到父母不让看电视的例子。顿时，我又手足无措起来，有一种郑重其事端起枪却放空的沮丧感，准备好的一系列教学环节无从施展。①

上述案例表明，教学的有效性必须建立在对学情的充分调查基础上，没有做过真正的调查，凭着教参、教案，以及教师对学生情况的经验估计和可能设想，无法胜任今天的课堂教学。

学情分析的方法多种多样，教师需要根据自己对班级学生的了解程度，在课堂教学的不同阶段根据需要采用不同的方法了解学情。在课前，可以根据教学内容设计问卷进行调查，也可以布置预习思考题，或让学生质疑等，来了解学生已有的知识基础和对教学内容的了解程度。在教学过程中，教师可以通过课堂观察、交谈、提问等收集信息。在课后分析中，教师可以根据教学反思、课后作业，以及与学生的交流来了解学情。特别是在课堂教学设计中，教师尤其要重视对学生情况的了解。教学设计是课堂教学有效进行的基础，需要从“教案”向“学案”转换，而学情分析是实现教学设计由“教”转向“学”的基础和前提。

第三，学情分析是教师专业发展的需要。关注学生是教师发展成熟的一个标志。教师的专业发展是教师在专业思想、专业知识、专业能力等方面不断完善的过程，“关于学生的知识”是教师专业知识构成中最重要的组成部分之一。美国学者费朗斯·富勒(F. Fuller)将教师的发展划分为任教前关注阶段、早期求生存阶段、关注教学情境阶段和关注学生阶段四个阶段。国内也有学者从“关注”的角度将教师的专业发展划分为“生存关注”、“任务关注”和“自我更新”三个不同阶段。②

---

① 俞李等:《我该如何读懂你》，载《中国教育报》，2009 年 5 月 8 日。
② 叶澜等著:《教师角色与教师发展新探》，教育科学出版社 2001 年版，第 294—300 页。

教师关注理论的研究表明，在不同的阶段教师重点关注的内容并不一样，这也反映了教师发展水平的差异。对于新教师、专业发展不够成熟的教师，他们更多关注的是如何更好地设计和执行教案，更好地在课堂教学中将知识讲授完。对此，全国著名的特级教师支玉恒曾这样评述：有的教案在40分钟内设计了36个步骤，1分钟1个步骤，教师一边讲课一边想着教案是怎么写的、下一步该干什么、该提什么问题了、该出哪个课件了、黑板上该写什么了，老惦记着这个，有时就没有关注学生的发言。对于专业发展尚不成熟的教师而言，他们更多地从"教师教"的视角出发，关心的是如何把一堂课的知识讲清楚、讲明白。对于发展较为成熟的教师来说，他们不仅关注心理学方面的知识，而且还十分关注学生在具体教学情境中所体现出的特点、需求等，这也是专家教师与一般教师最大的差别。专家教师不仅能够及时地了解学生的反应和变化，还能够透过学生行为的表面现象而快速地洞察学生作出这些反应的真正意图。而只有当教师把学生作为关注的中心，关注学生的学习、需要、情感等因素，思考如何通过教学更好地引导学生实现成长时，才说明教师的专业水平发展到了一个更高的层次。

第三节　当前学情分析存在的问题

学情分析是课程和教学改革的必然要求，是确定学生课堂主体地位的必然要求。对学情分析的重要意义和内涵有着怎样的认识，决定着教师怎样进行学情分析。从实际来看，学情分析目前还远没有成为教师教学的内在需要，还远没有转化为教师日常教学行为的自觉行为。归纳起来，主要存在三个层面的问题：

首先，只注重教师的教，忽视学生的学。课堂教学是教与学的统一，然而即使新课程不断推进，新理念层出不穷，不少课堂的重点仍仅停留在知识的传递上，教师依然主导着教学的进程和学生的行为。这种课堂教学的主要特征是：完成认识性任务，是课堂教学的中心或唯一目的；钻研教材和设计教学过程，是教师备课的中心任务；课堂教学，仅仅只是执行教案的过程，学生在课堂上扮演着配合教师完成教案的角色。

在"教师中心论"的支配下，从教学设计到教学实施，学生的学习过程都没有得到应有的重视。对学生学习过程的忽视，必然导致学情分析的缺失，因为学生学习的过程得不到重视，学情分析就没有存在的意义。有研究者以语文学科为例，通过统计发表在相关杂志上的论文，结果表明从整体上看，近十年来对学情分析的关注呈现上升趋势，但开展学情分析的教师所占比例仍不够高。① 这表明当前教师学情分析的意识仍然普遍缺失，做过学情分析的教学案例不多，在备课中进行学情分析的教师更少；了解学情的手段比较简陋，基本上是一种经验式的判断；学情分析的过程比较粗糙，基本上是寥寥数语，只见判断，不见分析，只见结论，不见过程；学情分析的深度不够，很多学情分析是一种浅度的描述，是一种印象的判断。② 如有人收集了陕西全省各县、区教学设计或教学模板信息 127 份，结果全部都没有学情分析项目，即使是对其中部分设计者追问"您选择和组织教学内容、确定教学重点和难点、设计教学的步骤或过程，以及选择媒体、确定教法常常各考虑什么因素"时，也仅有七人谈及的依据之一有"学生情况"。③ 同样的问题我们也可以从下面两则案例中略见一斑。

(1) 一位老师在参加一个省级的课堂评优活动时，发现在语、数、音、体、美共 39 节课中，所有的教案均包含教学目标、重难点、教学过程，但仅有两位教师对学情进行了分析。也许这样的比赛课存在借班上课的情况，教师对学生不熟悉，自然无法进行详细的学情分析，然而，对学情分析有意无意的忽略却明显地看出：教师关注的还是自己的教！学生，在赛课老师的心目中，仅仅是"配合我"的人。④

(2) 在一次教学调研中，我们查阅了三所学校 40 多位语文教师的备课笔记，并听了多位教师的课。结果发现，有半数教师不注重研究学生，教案中只有对教材内容的分析和教学步骤的安排，根本没有学情分析。⑤

其次，只注重课前学情分析，忽视课中和课后学情分析。尽管相对而言，学情分析被越来越多的教师所接受和使用，不少教师也开始从单一的教学内容的分析，逐步将

① 陈隆升：《从"学"的视角重构语文课堂》，载《课程·教材·教法》，2012 年第 4 期。
② 马文杰、鲍建生：《"学情分析"功能、内容和方法》，载《教育科学研究》，2013 年第 9 期。
③ 耿岁民：《中学数学课堂教学学情分析的理论与实践研究》，陕西师范大学 2011 年硕士论文，第 18 页。
④ 丁军梅：《对"学情分析"的反思》，载《江苏教育研究》，2011 年第 7 期。
⑤ 韦玲珍：《语文教学如何进行学情分析》，载《语文建设》，2010 年第 7—8 期。

对学生的现实状态、学习基础等因素加入其中，但在传统“备学生”思想的制约下，很多教师仅仅只是将学情分析贯彻于教学设计中，他们仍然只将课堂教学的过程当成是教案的执行过程，缺乏教学过程中的学情意识和分析能力，因此无法关注到教学过程中的学情。同样，课后反思中的学情分析也没有得到应有的关注。

其实，课堂教学三个阶段中的学情分析侧重点各不相同。课前学情分析侧重于学生的知识基础与知识结构、个人兴趣与经验等个性特点方面，主要对学生的学习起点进行分析，是一种静态的分析方式，反映的是教师对课堂教学的预设。教学过程中的学情分析是教师根据教学过程中收集到的信息，对课前学情分析进行判断、分析、验证，并及时调整教学的过程，是一种动态的分析方式，反映的是课堂教学的生成性和学情分析的“在场感”。课后学情分析是教师根据课堂教学过程的实际情况进行的反思与总结，并对课前学情分析与课中学情分析进行评估修改，用以改进、提升以后的教学水平。这三个阶段有机结合，形成一个完整的学情分析体系，使学情分析从经验型分析转向研究型分析，由静态型分析转向动态型分析，由一次性分析转向持续多次的分析，成为一个动态、延续、依据情境脉络变化而时时调整的过程。

第三，只注重学生共性的分析，忽视学生个性的分析。学情分析是有效教学的基础，只有对每位学生有了充分的了解，课堂教学才具有针对性。但是，一些教师只注重学生共性的分析，在分析的过程中奉行“经验主义”，甚至是“拿来主义”，常常只有凭感觉、凭印象的三言两语，缺乏对具体教学情景中学生学习状态的详细分析，缺乏必要的层次性和深度。比如，一位教师被邀担任北京市某区青年教师基本功大赛的评委，在《背影》一课的说课中发现，来自不同学校的教师对学生学习《背影》所作的学情分析如出一辙、惊人地相似：一方面都从学生所处的年龄阶段特点出发来分析，如学生处于叛逆期，自我意识强，不容易体察父母之爱；另一方面都从学生语文学习能力的总体倾向角度来分析，如具备初步的整体感知能力和欣赏能力，具备一定的概括能力，观察力强、反应快。[①] 这样的学情分析，对学生学习情况的把握模糊、笼统、雷同，与其他文章的教学相比，对具有不同学习特点的学生来说似乎没有太大的差别。用这样的学情分析作为教学设计的依据，几乎形同虚设，很难真正促进教学的有效实施。

“学生来到课堂里不仅带来了眼睛、耳朵和良好的记忆力，而且也带来了不知从生活的什么地方所获得的大量缄默知识，带来了‘儿童的数学’、‘儿童的物理学’、‘儿童

---

① 卢杨：《绝对不能忽视“学情分析”》，载《基础教育课程》，2010 年第 4 期。

的化学'、'儿童的文学'、'儿童的经济学'、'儿童的哲学'、'儿童的历史学'等等。"[①]不同的学生所处的社会环境不同,造就他们的学习能力、学习倾向、学习兴趣、个性心理特征等方面有很大的差异。学生的这些差异决定了他们对学习的需求是不一样的,在教学中他们的关注点、兴奋点也不尽相同,面对同样的事件,学生会有各种各样的反应。因此,学情分析不仅要关注班级学生在基本素质上的共同点,了解学生对教学的共同需求,更要关注班级学生的个性与差异,关注和满足不同学生的个性需求。

那么,如何才能进行有效的学情分析呢?真正有价值的学情分析应该是多元的、细致的、有深度的。

首先,学情分析要分析学生的差异性,了解学生的不足之处和独特之处,才能因材施教。学生个体的差异性和独特性是一种必备的教学资源,教师要尊重差异,善于利用这种差异性资源促进教学主体间的互动、协作,以促进教学相长。罗素说过:"须知参差多态乃是幸福的本源。"正是学生的多样性,才使得教师的每节课都是鲜活的,而不是简单的重复。

其次,学情分析要分析学生的潜在性即学生存在着多种发展的潜在可能性。只有了解和尊重了学生的差异性,才有可能挖掘学生的潜在性。忽视学生潜在性发展的教学,是没有教育性的教学。

再次,学情分析要体现出学科性。不同的学科在内容、方法、思维方式上,对学生的要求是不一样的,而学生由于智力结构的不同,他们所表现出来的能力和思维方式也存在差异。因此,学情分析要将学科特点和学生的特点结合起来,才能使教学具有针对性。

最后,学情分析要体现出情境性。学生在学习过程中的状态是不断变化的,教师要注重教学情景中的学情分析,关注课堂教学具体形态中学生的行为,并根据学生的学习状态采取措施改进学生的学习。

---

① 石中英著:《知识转型与教育改革》,教育科学出版社 2001 年版,第 238 页。

第二章
学生一般特征分析

新学期开始，了解班级中学生的一般特征，能够帮助教师把握班级的整体状况以及学生的个别特征，这对于新接手班级的班主任和任课教师来说尤其重要。美国学者罗伯特·海涅克(R. Heinich)指出："对学习者的一般特征，即使作一些粗略的分析，对教学方法和媒体的选择也是有益的。"学生的一般特征虽然与具体学科内容无直接联系，但会影响教学设计者对学习内容的取舍和组织，影响教学方法、教学媒体和教学组织形式的选择与运用。

学生的一般特征主要包括学生的年龄、性别、认知成熟度、智能、学习动机、个人对学习的期望、生活经验、经济、文化、社会背景等因素。由于学生的一般特征包含的内容众多，教师不可能一一进行分析，只能把握其中最重要的几个方面：对学生学习过程产生影响的心理、生理和社会的特点及学习风格。

第一节　学生的心理发展分析

个体的学习与个体的心理发展之间有着辩证的关系，即个体学习受制于个体的心理发展，而个体的心理发展也必须通过学习才能实现。发展心理学的大量研究表明，学习必须适应个体心理发展的规律。

儿童心理的发展是一个连续的、不断由量变到质变的过程。这种从量变到质变的过程使儿童心理的发展表现出连续性和阶段性。心理发展的连续性是指每一种心理过程、心理特征的发展，都以先前的状况为基础，都是对先前心理活动的继承与发展。前一阶段是后一阶段的前提和准备，后一阶段是前一阶段的延续和提升，要从一种状况超越其中间状况，而跳跃到另一种完全不同质的状态是根本不可能的。儿童心理发展的连续性表现为定向性和顺序性，即儿童心理的发展总是具有一定的方向性和先后顺序。

儿童心理的发展还具有阶段性。在不同的年龄阶段，儿童的心理会表现出区别于其他阶段的典型特征，这就是心理的年龄特征。心理年龄特征是衡量个体在一定年龄阶段心理水平的标尺，它是通过概括众多同龄人心理发展的事实并与不同年龄的人的心理进行比较而被确认的。许多心理学家都对儿童心理发展的阶段性进行研究，如弗洛伊德、艾里克森（E. H. Erikson）、柏曼（L. Berman）、列昂节夫（A. H. Leontiev）和皮亚杰等人。近几十年来，瑞士、英国、北欧、美国、加拿大、中国等几乎遍及全世界的地区对此进行的跨文化的研究，都证实了认知发展存在不变顺序的阶段的现象。这些研究表明，儿童心理发展的年龄特征是一种跨文化现象，不同地区和民族的儿童心理发展特征大体是一致的。

思维力、记忆力、观察力、想象力、创造力既是个体心理的重要组成部分，也是影响学生智力发展和学习能力最重要的条件。[①] 其中，创造力是思维力、记忆力、观察力、

---

① 叶奕乾等著：《普通心理学》，华东师范大学出版社 2004 年版，第 426 页。

想象力等能力的一种综合运用。对教师而言，了解班级学生心理发展的特征，了解班级学生思维力、记忆力、观察力、想象力、创造力，特别是前四种能力的特点，是学情分析不可缺少的内容。

1. **学生思维的发展**

思维是人类认识的高级形式，是对事物进行分析与综合、抽象与概括、比较与分类的过程。思维的差别决定了人与人之间的差别，思维品质不同，人的能力也截然不同。

儿童的思维能力是随着思维方式的发展而不断提高的。我国的心理学者认为，无论是种系发展还是个体发展，人的思维都要经历直观行动思维、具体形象思维、抽象逻辑思维三个阶段。直观行为思维是直接与物质活动相联系的思维，又叫做感知运动思维，是对直接接触外界事物时产生直观行动的初步概括，感知和动作中断，思维也就终止。具体思维是凭借直接感知，在实际操作过程中进行的，或凭借事物的形象并按照描述逻辑而进行的思维。抽象思维是凭借概念，并按照形式逻辑的规律而进行的，或是凭借概念但却是按照辩证逻辑的规律而进行的思维。

在小学阶段，儿童思维发展具有从以具体形象思维为主要形式，逐步过渡到以抽象逻辑思维为主要形式的基本特点，但是这种抽象逻辑思维在很大程度上仍然是直接与感性经验相联系的，并具有很大成分的具体形象性。

小学低年级学生的思维活动与具体事物或其生动的表象有所联系，例如向 7—8 岁的小孩提出这样的问题：假定 $A>B$，$B>C$，问 A 与 C 哪个大，他们可能难以回答，但是换一种说法：班里张老师比李老师高，李老师又比王老师高，问张老师和王老师比哪个高，他们就可以正确回答。因为在后一种情形中，儿童能够借助具体表象进行推理。进入中高年级后，小学生的思维由具体形象思维向以抽象逻辑思维为主要形式的过渡，这是思维发展过程中的“飞跃”或“质变”。在这个过渡中，存在着一个转折期，也就是小学生思维发展的“关键年龄”。一般认为，这个关键年龄出现在四年级（约 10—11 岁）。强调小学儿童思维发展的关键年龄，是要求我们适应小学儿童思维发展的飞跃期进行适当的教育，儿童思维发展的转折点何时实现，主要取决于教育的效果。①

在整个小学阶段，儿童的抽象逻辑思维水平在不断提高，这是小学时期儿童思维发展的一般趋势，但他们的运算水平仍有局限性。小学儿童的思维由具体形象思维向抽象逻辑思维发展需要经历很长的时间，尽管低年级的儿童以具体形象思维为主体，

---

① 林崇德：《小学儿童数学概念与运算能力发展的研究》，载《心理学报》，1981 年第 3 期。

但并不是说他们的思维就没有任何抽象性和概括性，而即使中高年级的小学生能够进行高层次的综合性运算，其思维也具有很大成分的具体形象性。正如我国心理学家刘范所说："即使是只要求儿童进行对抽象的数进行运算的项目，儿童往往会借助于直观的图象来求解答，当解题遇到困难时，这种现象更为常见。"

初高中阶段学生的思维开始摆脱具体经验的限制而进行抽象思维。据心理学工作者在全国23个省市四万多名中小学生中随机抽样调查表明，我国在校初中一年级学生的形式逻辑思维已经开始占优。① 整个初中阶段是学生抽象思维能力迅速发展阶段，主要具有三个特点：一是可以进行抽象思维和纯符号思维，从现有的信息中生成抽象的关系；二是出现能够应对潜在或假设情景的能力，能够对没有经历过的场景和情形进行推理；三是能够运用系统化的实验来解决问题。但是初中学生的抽象思维水平仍然较低，离不开直观形象思维的支撑，处于从直觉经验型思维向逻辑思维的过渡阶段，其逻辑思维层次在很大程度上仍处在形式逻辑思维阶段，辩证思维还只是处在萌芽和初始状态。到高中阶段抽象思维中的高级形式——辩证思维将逐步取代形式逻辑思维，开始在思维结构中占据优势地位。

思维的发展具有差异性。这种差异性不仅表现在从具体形象思维向抽象逻辑思维发展的过程中，也体现在学生个体和性别差异等方面。其中，因性别差异导致思维发展的不平衡受到更多的关注。我国心理学者研究显示，男女两性思维差异的发展变化与年龄的递增有着密切关系。在小学到初中一年级阶段，男女学生的思维差异较为明显，而且优于他们生理和心理的变化，女生思维发展的速度和抽象逻辑能力要明显强于男生。初中二年级后，男生思维发展的速度迅速赶上甚至超过女生，并明显地体现出性别特色，但这并不说明男生优于女生，而是各有发展特点。比如，推理能力发展男生优于女生，逻辑法则的运用能力女生优于男生。

思维还可以划分为不同的类型。美国认知心理学家赫尔伯特·A·西蒙（H. A. Simon）认为："人脑中进行加工和存储的信息具有抽象的性质，但其抽象的性质并不相同。有些采取表象形式，有一定抽象性也有一定形象性……也有一些采取更加抽象的符号形式，只能用言语表述，不能形成表象……"西蒙表达的意思是：人类具有不同的思维方式或者说思维类型。在国内外学习领域产生巨大影响的《学习的革命》这本书也强调："我们不仅有有所偏向的工作和学习类型，我们还有有所偏向的思维类型。"不

① 参见林金铨：《论初中生的思维特征》，载《滁州师专学报》，2001年第2期。

同的思维类型有着各自偏爱的学习风格，并影响着学生的学习成绩。

美国康涅狄格州大学教授安东尼·格里高里（A. Gregore）根据知觉的具体与抽象，规则的次序与随机将人类的思维分成了四种：具体而有序的思维、抽象而有序的思维、具体而随机的思维和抽象而随机的思维。这四种思维类型不存在哪种思维类型更好，它们只是类型不同而已，每种类型都可以以它自己的方式而成为有效的。

思维类型的划分近年来受到越来越多的关注，有研究还发现不同思维类型的学生有不同的学习风格。[①] 国内也有人根据这一理论对学生开展测试，并根据学生的思维类型提供适合学生学习的方式和环境，以提高教学效果。[②]

2. **学生记忆力的发展**

“记忆乃智慧之母”，记忆在智力结构中占有重要地位，是智力活动的基础。没有记忆，无论是观察、想象、思维或注意都无法进行。学生记忆的发展与学生思维水平的发展水平密切相关，随着学生的思维方式从直观行动思维向具体形象思维和抽象逻辑思维的不断发展，学生的记忆力也不断发展，并具有以下特征：

一是从学龄期的无意记忆占主导地位发展到有意记忆占主导地位。小学低年级学生由于抽象逻辑思维尚未发展，无意记忆占主导地位。随着学生年龄的增长、学习动机的激发、学习兴趣的发展、学习目的的明确，以及学生抽象逻辑思维水平的不断提高，有意记忆的增长速度越发明显，地位越来越显著。大致在小学三四年级时，有意记忆的水平逐渐超过了无意记忆的水平。进入初中以后，有意记忆在学习中逐渐成为主要的记忆形式。心理学研究表明，有意记忆的效果明显优于无意记忆效果。学生有意记忆能力的发展为系统地掌握科学知识提供了条件。

二是从机械记忆占主导地位向理解记忆占主导地位发展。由于理解意义与逻辑思维能力有密切的关系，因此这个主导地位转化的关键年龄，往往与理解发展的关键年龄一致。低年级小学生主要采取机械识记的方法，机械记忆是小学生记忆的主要特点。有人对小学一年级到高中二年级的学生进行实验，内容为逐字逐句的记忆和意义记忆的比较。在逐字逐句记忆方面，小学一年级学生记得72%；初中二年级学生记得55%，高中二年级学生记得17%。[③] 实验证明，年龄越小，机械记忆的现象就越突出，

---

① 黎程正：《如何要配合学生学习的风格，达至有效学习的目的》，载《香港理工大学护理及医疗科学学报》，2002年第6期。

② 张志明：《初中生不同思维类型对学习数学影响的研究》，湖南师范大学2007年硕士论文。

③ 参见黄爱玉：《小学教育应该重视机械记忆》，载《新课程研究》，2009年第11期。

其主导作用也越明显。大致在三四年级，随着学生经验和知识日益丰富，学习活动中运用意义识记的比例逐渐增大。初中阶段学科内容日益抽象，需要学生在理解的基础上进行记忆，而且学生的知识、经验、语言、思维更加丰富，理解记忆逐渐成为主要的记忆形式。进入高中后，学生的理解记忆已经达到中学阶段的最高水平，而机械记忆则呈下降趋势。高中阶段的学生理解记忆的效果又大大提高。

三是从形象记忆逐步向抽象记忆发展。小学低年级学生知识经验还不丰富，往往表现为形象记忆，相对容易建立记忆和具体形象的联系。随着教学的影响、知识的丰富和智力的发展，小学生的抽象记忆能力得到不断发展，并逐渐占据优势。例如，从学龄初期到学龄中期，小学生对抽象材料的记忆从68%增至192%。[①] 进入初中以后，学生不仅要从直观、具体的材料中学习知识，而且必须掌握各种科学的概念、规则和原理，进行判断、推理和证明，他们抽象记忆的能力也日臻完善起来。

除了上述学生记忆力一般发展特征外，不同学业水平学生在注意任务方面存在差异。研究发现，学优生与学困生的返回抑制能力存在差异，学优生的成绩显著优于学困生，学优生与学困生在负启动任务上的成绩存在显著差异，学优生好于学困生。这些研究表明，在大多数注意任务上，学优生的成绩均好于学困生，这种差别导致他们在其他高级认知任务方面表现出差异。[②]

3. 学生观察力的发展

观察力是建立在感知觉的综合发展之上的，与注意力、思维能力等联系密切，是知觉的高级形式。良好的观察力是许多科学家成功的秘籍，英国生物学家达尔文在谈到自己的成就时指出："既没有突出的理解力，也没有过人的机智，只是在观察那些稍纵即逝的事物，并对其进行精细观察的能力上，我可能在他人之上。"

我国心理学者燕国材认为：观察在学习中具有一般作用和具体作用。一般作用是指观察在智力活动中的意义，即人的大脑所获取的信息，80%以上都是通过视觉、听觉观察所得；具体作用体现在帮助学习者获得丰富的感性材料、理解不易理解的理论知识，提高学习者的学习兴趣、促进学习等等。

西方一些研究者对小学生的观察力进行研究后得出如下结论：儿童先是看到客体

---

① 朱智贤著：《儿童心理学》，人民教育出版社1993年版，第507页。

② 杨海波等：《工作记忆内容对不同学业水平学生自上而下注意控制的影响》，载《心理学探新》，2010年第6期。

的个别部分(四五岁),然后开始看见整体部分,但不够确定(六岁);接着既能看到部分,又能看到整体(七八岁),但此时儿童往往还未把部分与整体联系起来。具体来说,儿童观察力的发展可分为四个阶段:(1)"个别对象"阶段,儿童只看到各个对象或各个对象的一个方面;(2)认识"空间联系"阶段,儿童可以认识各个对象之间能够直接感知的空间联系;(3)认识"因果联系"阶段,儿童可以认识对象之间不能直接感知到的因果联系;(4)认识"对象总体"阶段,儿童能从意义上完整地把握对象总体,理解其主题。小学低年级学生大部分属于(2)和(3)阶段,中高年级大部分学生属于(3)和(4)阶段。

观察力的品质是评价学生观察能力水平高低的重要标志。对于学生观察力品质及其发展,我国学者进行了研究,结果包括四个方面。在深刻性方面,小学一年级学生水平很低,不能全面细致地感知客体的细节,三年级学生的精确性明显提高,五年级学生略优于三年级学生。在目的性方面,一年级学生随意性较差,他们知觉主要受刺激物的特点和个人兴趣爱好所影响,排除干扰能力较差,集中注意观察的时间较短,观察的错误较多,而三年级和五年级学生有所改善,但无显著差异。在顺序性方面,一年级学生没有经过训练,观察事物零乱、不系统,而中高年级学生观察的顺序性有较大发展,一般能有始有终,并能一边看一边说,而且在观察表述前往往能先想一想再说,即能把观察到的点滴材料进行加工,使观察内容更加系统化。但从总体上看,五年级学生和三年级学生的差异不显著,说明五年级学生还不能系统地进行观察。在概括力方面,低年级学生对所观察的事物作整体概括的能力很差,往往较注重事物表面的、明显的、无意义的特征,而看不到事物之间的关系。到了三年级,学生的概括力有较大提高,至五年级又有显著发展,观察的分辨力、判断力和系统化能力明显提高。中高年级学生观察力的目的更明确,持久性明显发展,精确性和概括性更强。

4. 学生想象力的发展

想象是一种高级、复杂的认识活动,是个体理解和掌握知识必不可少的条件。爱因斯坦指出:"想象力比知识更重要,因为知识是有限的,而想象力概括世界的一切,并且是知识进化的源泉,严格地说想象力是科学研究中的实在因素。"2009 年教育进展国际评估组织对全球 21 个国家进行调查,结果显示中国孩子的计算能力排名第一,想象力排名倒数第一,创造力排名倒数第五。在中国的中小学生中,认为自己有好奇心和想象力的只占 4.7%,而希望培养想象力和创造力的只占 14.9%。在整个小学时期学生的无意想象占主导,特别是小学低年级学生以无意想象为主,缺乏独立性和创造性。但随着教学的深入,生活范围的逐渐扩大,知识经验的丰富,表象的积累和言语的发展，到了小学中、高年级，学生的有意想象迅速发展，不仅更富有创造性，而且已能够比较真实地表现客观事物，其想象的内容也趋于现实。

第二节　学生个性发展的分析

学生心理的发展不仅具有阶段性，体现出共同的特征，还具有十分明显的个性化特征。对教师而言，要全方位地了解学生，不仅要掌握学生心理发展的一般规律，还需要了解学生心理发展的个别化特点。相比人类心理和行为的共同规律来说，个体差异的研究具有更加重要的现实意义。个体差异并不仅仅指个体性格、能力发展的“好”与“不好”的差异，更强调个体性格、能力的发展各具特点。

长期以来，人们对于人类智能结构和差异的认识并不十分准确，如皮亚杰的认知理论认为智能是以言语能力和数理—逻辑能力为核心的、以整合的方式存在的一种能力。换言之，除了逻辑与言语能力之外，其他的能力都是没有价值的。因此，我们的教育基本上以语言智能和逻辑—数学智能的教学和培养为重点。传统智能理论造成的“IQ式思维”，使得人们没有能够准确认识智能的多元发展，导致课堂教学以标准化、统一化来要求所有的学生，既忽略学生心理发展的个体差异，也无视学生的个性发展。随着脑科学研究的深入，一些专家提出了“多元观的智能理论”，要求正视差异、善待差异的学生，这为新课程追求学生的个性发展和全面发展提供了理论基础。其中，吉尔福特(J. P. Guilford)的智能结构论、斯滕博格的智力三元论，以及加德纳的多元智能理论较有代表性，而加德纳的多元智能理论对教育实践有着更为广泛的影响。美国、英国等国家都在实践着加德纳的多元智能理论[①]，中国大陆和台湾地区也广泛开展了相关的实践研究[②]，都促进了学校课堂教学质量的提高。

---

① 参见张晓峰：《多元智能实验：美国的实践与效果》，载《全球教育展望》，2002年第9期；[英]保罗·汤普森著，李宝荣译：《多元智能理论在英国的实践》，载《中小学管理》，2004年第10期。

② 张亚南等：《“多元智能”在中国：回顾与展望》，载《江苏教育研究》，2009年第9期；周祝瑛等：《多元智能理论在台湾中小学之实验》，载《全球教育展望》，2001年第12期。

加德纳将人类的智能结构主要分为八种：

一是言语智能，指能有效利用口头语言或书写文字的能力，也就是我们常说的听说读写能力，表现为个人能够顺利而高效地利用语言描述事件、表达思想并与人交流。

二是逻辑数学智能，指能有效运用数字及进行完整推理的能力，其中包含对逻辑或数字的认知能力和高灵敏度，具有处理复杂前因后果的推理能力，及巧妙地处理抽象分析的能力。

三是身体动觉智能，指运用身体来表达思想与情感的特殊技能，以及运用双手生产或改造事物的能力，其核心成分包括巧妙地处理物体的能力，巧妙地使用不同的身体动作来运作或表达的能力。

四是音乐智能，指能感受、辨别、改编和表达各种音乐形式的能力，能创作并欣赏旋律、音节和音质的能力。即人对声音的意义加以创造、沟通与理解。

五是视觉空间智能，指对视觉性或空间性的信息知觉能力，以及把所知觉到的加以表现出来的能力。

六是自然观察智能，指观察自然界各种形态，辨认并分类物体，洞悉自然或人造系统，以及连结生命组织的能力。其核心是经由五官观察来觉察、感受与反思的能力。

七是人际关系智能，指辨识与了解他人的感觉、信念与意向的能力，其核心成分包括注意并区别他人的心情、性情、动机与意向，并做出适当反应的能力。

八是内省智能，指有认识、洞察和反省自身的能力，表现为能够正确地意识和测评自身的情绪、意向、动机、脾气和欲望，并能在正确的自我意识和自我测评的基础上形成自我定位、自律、自知和自制的能力。

如果说认知发展理论揭示的是个体心理发展一般规律的话，那么多元智能理论揭示的就是个体心理发展的个别化特点。这两种理论并不是矛盾的，而是互为补充的。加德纳本人也强调，根据个体智力结构的不同，进行设计教学“就颇有意义了”。

多元智能理论给我们的启发至少有两点：一方面为我们认识学生心理发展的特征提供了新的视角。多元智能理论扩充了人们对智力的理解，也使我们真正认清个体的差异所在。最为重要的是它帮助教师用公正的观点去重新评价学生，树立每个学生都可以成功的信心。多元智能理论认为，每个学生都拥有上述八种基本智能，这些智能之间不存在优劣的差异，是平等的，只是拥有的程度和组合的方式不同，这就决定了每个学生的学习类型和智能类型都具有独特性。在加德纳看来，八种不同类型的智力分别代表着八种不同类型的思考方式和学习方式：言语型学习者喜欢用说和写的方式与他人进行沟通，喜欢采用倾听、交谈、阅读、讨论、写作等方式进行学习；数理逻辑型学习者喜欢与数字和逻辑打交道，擅长抽象的概念思维和逻辑分析思维；视觉空间型学习者擅长视觉形象思维，通过接触视觉材料（如图片、视频），他们可以学得最多最好；身体动觉智能型学习者喜欢通过运动、触摸和动手操作等进行学习；对音乐型学习者而言，当学习的内容融入音乐的元素，或与节奏、曲调等发生关联时，他们就可以学的最多最好；人际交往型学习者通常擅长鼓励他人、组织和交往、协调矛盾和冲突，具有敏锐的直觉能力和移情理解能力，通过小组合作学习和人际交往，他们能够学得最多最好；内省学习者型喜欢独立思考和自我反思，当允许他们进行反思、分享个人观点以及独立学习时，他们能够学得最多最好。① 另一方面，为我们理解和改善教学提供了新的角度。加德纳指出，我们已经知道了每个人都有不同的智能状况，就没有理由再坚持让所有的学生以相同的方法学习同样的内容。对教师而言，需要在尊重学生心理发展一般规律的基础上，针对学生智能的不同特点开展个性化的教学。

这需要教师从两方面着手。首先，教师要正确认识教材。“多元智能理论本质上包含了优秀的教师在教学中所应该做的：超越课本和黑板以达到唤醒学生头脑的目的。”②多元智能除了让教师需要重新审视学生外，还需要正确处理好学生与教材的关系——“超越课本”。教师能否根据多元智能理论处理好教材，满足学生的不同需要，跟教师自身的教材观密切相关。教材观是教师对教材本质及其功能的基本认识，它反映了教师对待教材的态度和方式。

教材观不仅涉及“教什么”，也涉及“如何教”，它从根本上影响着教师的教学方式。对于教材的不同认识，决定着教师的教学行为，也就决定着教师的教学行为能否适应不同学生的个性化需求。随着新课程的推进，教师对教材的认识也产生了分化。有研究显示，新课程背景下教师的教材观主要有三种类型：相对封闭型，近乎把教材看作教学的唯一依据，强调教材是应付考试、获得确定知识的基础；中间型，把教材看作“宗”，课外拓展看作“影”，认为教材兼具考试与为生活服务等功能；相对开放型，即

---

① 夏正江著：《一个模子不适合所有的学生》，华东师范大学出版社 2008 年版，第 136—137 页。

② 参见[美]T. Armstrong 著，张咏梅等译：《课堂中的多元智能》，中国轻工业出版社 2003 年版，第 63 页。

把教材看作教学的“范例”、“引子”，重视内容的拓展性与生成性以及方法的多样性。[①] 不同的教材观反映了教师对于教科书的不同态度：忠实取向、适调取向和创生取向。

多元智能理论需要教师超越忠实取向的、“圣经式”的教材观，将自己和学生从教科书的“压迫”下解放出来，才能创造性地使用教材，有针对性地满足不同学生的需要，也就是教师要树立起“材料式”教材观。即教材只是教师教和学生学的材料，其根本特征是“范例性”。因此，教师需要根据学生的特点、知识的结构、学习的进度，对教材进行“调”、“增”、“删”。

其次，教师还要有开展个性化教学的能力。教师创造性地使用教材，主要体现在教学过程中。“通过多元智能而教”成为教学新策略与新方法产生的一个重要指导。个性化教学的开展是建立在两方面基础之上的：一是课堂教学要通过多种方式开展学科内容，二是课堂教学要尽可能地照顾到不同智能优势学生的需要。不同智能优势的学生对教学内容的理解具备不同的切入方式，“任何丰富的、有益的主题，即任何值得教给学生的课程内容，都至少可以通过七种不同的方式来切入”。“对学生来说，哪一个切入点最合适，入门之后走哪一条路线最顺利，都因人而异。知道这些切入点或方法，可以帮助教师采用易于为大范围学生所接受的方式，介绍新的内容，讲授新的教材。”[②]这七个切入点包括叙述切入点、逻辑切入点、量化切入点、基本原理或存在切入点、美学途径切入点、经验途径切入点和协作途径切入点。关于切入点，阿姆斯特朗(T. Armstrong)也进行了论述，或许有助于加强我们对“切入点”的理解：“我们可以考虑把所教授的材料从一种智慧转移成另一种智慧，换言之，我们不把语言符号如英语转化为其他语言，如西班牙语或法语，而是转换成其他智能的语言，如图画、肢体、音乐、逻辑符号或概念、社会互动及自我联系。”这种对知识符号的翻译或转换，就是多元智能理论作为工具成功引导教师去教和学生去学的“切入点”。

在了解了多元智能以及多元智能与个性化教学的关系后，如何开展个性化的教学，就需要教师了解学生的多元智能结构，弄清楚学生怎么样聪明，在哪个方面聪明，这就需要对学生的智能结构进行评估。加德纳指出，“评估是多元智能教育的组成要素”，“评估在教育中扮演了中心的角色”，“只有设计出能够公正地评估每一智能的方

---

① 陈柏华：《教师教材观的三种取向》，载《教育发展研究》，2009 年第 10 期。
② [美]加德纳著，沈致隆译：《多元智能新视野》，中国人民大学出版社 2010 年版，第 141 页。

法，多元智能理论才能真正受到重视”。[①] 当然，对学生进行智能结构的评估，目的是增加学生学习信心，强化学生学习动力，并给所有学生创造学有所成的机会，而不是与他人相比较并排序。

多元智能表现为个体能力的各个方面，美国学者戴维·拉齐尔(D. Lazear)将多元智能归纳为以下一些“关键能力”：语言智能主要表现为幽默感、记忆及回忆能力，明白字词的顺序和意义，解释、教导与学习的能力，有进行语言的能力，有能力说服他人按某计划方案行事；数学逻辑智能主要表现为抽象模式识别的能力、归纳推理能力、演绎推理能力、进行运算的能力，科学地、理性地运用思考的能力，辨识事物之间关系和联系的能力；音乐智能主要表现为对声音灵敏反应，有辨识音调与音质的能力，懂得如何欣赏音乐，认识音乐的法则、结构和原理，懂得如何创作曲调旋律与节奏；空间智能主要表现为图形表达能力，操作图像的能力，在空间穿梭往返的能力，形成心像的能力，活跃的想象力，在空间辨识物体关系的能力，在不同角度准确感知事物的能力；身体运动智能主要表现为哑剧表演的能力，身体机能表现盈富充实，身心联系之表现理想，能通过身体增进感知力，对随意的动作和预先设计好的动作具控制力；人际交往智能主要表现为能以语言和非语言进行沟通，能在小组中合作，能站在对方的立场考虑问题，创立与维系统合综效能力，对他人情绪、动机和感受有灵敏反应，对背后企图、行为与立场具洞察力；自我认识智能主要表现为专注力、思考力、元认知能力，较高层次的思辨论证能力，对不同感受有觉察与表达能力，从人与人之间意识自我的能力；自然观察智能主要表现为与大自然水乳交融，对自然界植物具灵敏反应，喜爱种植和饲养自然生物，对物种有加以辨识和分类的能力，知道如何照顾和驯服动物，并懂得与它们交往。[②]

关于多元智能评估的方法，加德纳反对简单地通过纸笔工具测量一个人的智能。他提倡创设一种自然、丰富的环境，然后观察学生的行为特点，即运用不同智能做事情或解决问题，让学生通过智能展示的方式进行评估。[③] 所谓智能展示评估，是“在被评估者有选择余地的时候，确定其最愿意使用的智能。做到这一点的一种方法，就是使被评估者置身于相当复杂的环境中，而这环境能够激发他所拥有的多种智能，或能够

① [美]加德纳著，沈致隆译：《多元智能》，新华出版社1999年版，第175页。

② 参见张其志：《多元智能评估的主要观点及操作要领》，载《课程·教材·教法》，2005年第2期。

③ 张金秀：《多元智能理论与全球教育转型》，载《比较教育研究》，2011年第3期。

提供一组根据不同智能设计的器材或场景，然后观察他是否被吸引及钻研的程度”。[①]美国另一位多元智能理论研究者阿姆斯特朗也强调，判断学生多元智力发展状况最好的办法就是对学生进行课堂观察和课余观察。这些观察都是在自然情景下进行的，将评估与实际的教育教学情景结合在一起，使学生的展示过程成为自然学习情景的一部分。这种评估方法的好处是通过情景化的活动激发学生参与的积极性，让所有的学生都有机会展示自己的智能强项和弱项。这不仅有利于评估者的观察，而且学生也不会有任何不安全感。此外，还有研究者针对八种智能提出了相应的智能展示评估方式。[②]

尽管智能展示法在国外备受推崇，但对教师而言这种方法不易操作，特别是教师在学期伊始就想对学生的个性特点有一个正确了解时，这种展示法就不太实用。尽管加德纳反对用问卷量表的方式对学生的智能进行检测，他认为这种方法只能测评与个体智能相关的兴趣、偏好或经验，而不能真正测评智能的能力表现，但是西方不少学者还是开发了相关的问卷量表。问卷量表具有简便、快捷的特点，只要运用恰当，就能够成为智能评估的有效方式。美国学者 Diane Heacox 创编的“多元智力核查表”[③]，以及阿姆斯特朗设计的《课堂上评价学生多元智能的量表》[④]，是较为常用的测量表。这两个测量表存在一个共同的问题是，问卷体量大、题项多，“多元智力核查表”有 58 个题项，《课堂上评价学生多元智能的量表》共有 80 个题项，学生测试花费时间比较长，部分学生不容易配合完成，降低了该量表的效度。

在国内，对学生多元智能进行评估的量表，主要是对阿姆斯特朗的量表进行改编。有研究者将其设计为学生自我问卷的形式，并分为“根本不符合我”、“有点符合我”、“大部分符合我”和“完全符合我”四个等级评分（分别记为 0、1、2、3 分），同时对题目进行了删减，共保留了 33 个题项。通过测试，修订后的量表更便于学生自评，信度和效度指标也基本达到了测量学指标要求。[⑤]

---

① ［美］加德纳著，沈致隆译：《多元智能》，新华出版社 1999 年版，第 35 页。

② ［美］L. Campbell 等著，王成全译：《多元智能教与学的策略》，中国轻工业出版社 2001 年版，第 455—468 页。

③ ［美］D. Heacox 著，杨希洁译：《差异教学：帮助每个学生获得成功》，中国轻工业出版社 2004 年版，第 65—66 页。

④ ［美］T. Armstrong 著，张咏梅等译：《课堂中的多元智能》，中国轻工业出版社 2003 年版，第 38—42 页。

⑤ 参见陈桂芳：《多元智能兴趣偏好量表在四川地区的初次修订》，载《绵阳师范学院学报》，2009 年第10 期。

第三节　学生的学习风格分析

在课堂教学中，学生的学习方式可谓千差万别。有的学生喜欢独立学习，有的学生喜欢与同伴一起合作学习；有的学生喜欢热闹，课堂氛围越活跃，学习效率越高，有的学生偏好在清静的环境中思考；有的学生需要较多的约束，有的学生则更善于自我激励，等等。学习方式的不同，反映的是学生学习风格的差异，而学习风格的差异决定了每个学生在学习内容、学习形式、学习环境和学习要求等方面存在着不同的需求和选择。课堂教学要贯彻"因材施教"的教学原则，促进每个学生主动发展，就必须尊重学生的学习风格。

1. 学习风格概述

自 1954 年美国学者首次提出"学习风格"这一概念以来，学习风格作为影响学生学习的一种个别化要素，受到广泛关注，并被誉为"现代教学的真正基础"。20 世纪六七十年代，美国兴起了以学习风格理论为基础的教学设计模式，其特色在于强调学生学习风格的差异，在教学过程中重视教学策略的选择，有针对性地帮助学习者完成学习任务。我国对学习风格的研究始于 20 世纪 90 年代，从最初介绍国外的研究成果，探讨学习风格的内涵、特征及构成要素等，逐步转向从实证的角度来研究学习风格对学习的影响。

结合西方学者对学习风格的认识，我国有学者认为，学习风格是学习者持续一贯的带有个性特征的学习方式和学习倾向。其中，学习方式是指学习者为完成学习任务而采用的策略、方法或步骤，而学习倾向则是指学习者对学习活动的情绪、态度、动机、坚持性以及对学习环境、学习内容的不同偏爱。[①] 学习风格具有独特性，它是学生的个性在学习活动中的定型化、习惯化，不同的学习者往往具有不同的学习风格。学习风格具有稳定性，它是学习者在长期的学习过程中逐渐形成的，一经形成就很少随学

---

① 谭顶良:《论学习风格及其研究价值》，载《南京师大学报》(社会科学版)，1994 年第 3 期。

习内容、学习环境的变化而变化。当然,这并不是说学习风格一成不变,学习风格在形成过程中还与学生的年龄和心理有关。需要说明的是,学习风格没有好坏之分,不同的教学方法适合不同学习风格的学习者。

学习风格不仅影响着学生的学习行为方式,也决定着课堂教学的效率。个体学习成效虽然与个体学习能力水平的高低有较大的相关性,但更依赖于个体所开展的学习活动与其学习风格相适应的程度。大量的研究和教学实践表明,尊重学习风格并依此进行教学,学生就能学得多、学得快,学业成就得到提高。相反,学习风格和教学风格不匹配,会使学生对学习产生厌烦情绪,学习效果差。例如,美国学者洛夫莱斯(M. K. Lovelace)运用学习风格研究专家邓恩(Dunn)的学习风格模型理论进行了近二十年的实证研究,结果表明,利用学习风格来教学可以提高学生的学业成绩,改善学生对学习的态度。与不使用学习风格的教学相比,利用学习风格教学对于学生来说,有百分之七十的成功可能性,而以往的不利用学习风格的教学则只三成的成功率。[①] 国内关于学习风格与学习成绩关系的研究也很多,这些研究的结果也都表明学习风格与学习成绩呈现显著的相关,如中学生语文学习成绩优异生以直觉体验型为主;数学学习成绩优异生以抽象认知型为主;物理学习成绩优异生以实证操作型为主。[②]

分析学生的学习风格,对学生而言是要让学生了解自己学习风格的长处和局限性,以适应不同的学习任务;对教师而言是要能够根据学生的学习风格来进行教学设计,使自己的教学策略能够与学生的学习风格相契合,从而达到最佳的教和学的效果。教师可以通过谈话、作业分析,以及观察学生在课堂上的表现,如所问的问题类型、与他人互动的情况等方法对学生的学习风格进行一般的了解。但是,要正确把握学生的学习风格,教师还需要运用诊断学习风格的测试量表进行测试。邓恩说:“教师在没有工具之前是难以确定学生的学习风格的,只有可靠有效的测量工具才能提供准确的信息,只有全面的测量工具才能诊断学生的很多学习风格特性并最终影响学生。”[③]测量分析为教师正确了解学生的学习风格和进行教学设计提供了可能。教师在设计教学策略时需要“取长补短”。“取长”是指教师设计与学生学习风格相一致的教学策略,即匹配教学策略,充分发挥学生学习方式中的长处,提高学生的学习效率。但是这种策

---

① 吴慧玲:《高中生学习风格调查及其教学实践》,华中师范大学 2011 年硕士论文,第 10 页。

② 参见邢彩霞:《中学生学习风格及其与学业成绩的相关研究》,安徽师范大学 2006 年硕士论文,第 11—12 页。

③ 转引自王华容等:《近十年西方学习风格研究述评》,载《外国中小学教育》,2008 年第 4 期。

略无法克服学生学习风格中的不足，这就需要教师设计与学生学习风格不相一致的教学策略，也就是所谓“补短”，即有意失配教学策略，以弥补学生学习机能上的欠缺。两者交替使用，可以促进不同学习风格的学习者都能够有效提升学习效果。

2. 学习风格的类型

西方关于学习风格的研究和分类有很多，2002 年，有统计表明在美国至少有 125 种学习风格模式被运用到科学研究和相关文献中去。[①] 但研究者们对学习风格的解释并非完全一致，甚至还存在分歧，美国学者托马斯·贝勒(T. Bello)总结道：“学习风格的定义差不多与对这一课题的研究者一样多。”归纳下来，有以下三个比较典型的学习风格类型的划分方式：

一是按照个体学习的感知模式进行分类。感知模式是指进行信息加工的通道。学生在学习过程中需要借助一定的感觉器官，如用耳朵听，用眼睛看，用手摸等来接受信息。根据学习者对不同感官的偏爱，可以将学习风格划分为听觉型、视觉型和动觉(触觉)型三大类。虽然每个学生都会使用视觉、听觉和动觉(触觉)的混合型学习方式，但多数人会偏爱其中的某种方式，有些学生喜欢通过视觉的方式接受信息，有些学生喜欢通过听觉了解外在世界。

视觉型学习是布鲁纳认识表征中形象表征和符号表征时期的典型认知方式，学生能通过符号再现他们的世界。这类学生善于接受视觉刺激，通过视觉方式可以取得最佳的学习效果。听觉型学习能力始于皮亚杰关于学生认知发展四阶段研究中的第二阶段前运算阶段，这类学生偏重听觉刺激来获得和加工信息。动觉(触觉)型的学生喜欢通过身体运动和直接参与来学习，他们习惯于动手操作，而不是听人解释或观看演示。不同认知通道使学习效果存在差异，心理学有关研究表明，只使用视觉通道仅能记住材料的 25%，只使用听觉通道能记住材料的 15%，而视听结合，使用多通道参与的学习活动，则能记住材料的 65%。这就要求教师针对学生不同学习类型的认识，有针对性地设计教学组织、选择教学媒体，充分发挥与学生感官偏爱有关的风格优势，使学生多感官地接受信息，并有效感知、内化所学知识。

有调查发现，在三种感知学习风格类型中，中学生最主要的感知学习风格是视觉型学习风格，其次是混合型学习风格，最后是触觉型和听觉型学习风格。学生感知学习风格的视觉型和混合型存在年级差异，并且视觉型的人数随着年级的升高越来越

---

① 王华容等：《近十年西方学习风格研究述评》，载《外国中小学教育》，2008 年第 4 期。

多，而混合型人数逐渐减少，但从高一开始呈显著下降趋势。这主要是由于在小学和初中阶段，学生的思维还处于具体运算阶段，学习仍离不开具体的视觉材料，喜欢通过视觉刺激手段接受信息。直观形象的视觉材料能在脑海里形成清晰的表象，使得他们需要以视觉作为信息输入的主要形式。但到了高中以后，学生的思维方式逐步向形式运算过渡，不必从具体事物开始，可以利用语言、文字，在大脑中想象和思维来获得信息和解决问题。而听觉型和触觉型学习风格不存在年级差异。此外，听觉型学习风格的女生多于男生；触觉型和混合型学习风格的男生多于女生；而视觉型学习风格不存在性别差异。① 从目前中小学课堂的实际来看，绝大多数的课堂教学以听觉模式来进行，在这种教学模式下，听觉型学习者的学习效果显著优于视觉型、触觉型和混合型学生的学习效果。在多媒体教学方式下，随着年级的增高，视觉型和触觉型学生的成绩逐渐提高，而听觉型和混合型学生的成绩都大幅度下降。这就要求教师要将传统教学模式与多媒体教学有机整合，满足不同类型学生的需要。

表 2-1　视觉型、听觉型和动觉(触觉)型者的学习特征及教学策略

学习风格 特征与策略		视觉型	听觉型	动觉(触觉)型
学习特征	特点	阅读能力强，喜欢通过图片、图表、符号、影片等视觉手段接受信息，书面考试成绩好。	语言接受能力强，乐于与人交谈，喜欢通过讲授、讨论、播音等方式接受信息。	动手能力较强，喜欢接触有形物体，对动手操作的学习和认知活动感兴趣。
	不足	听力及口头表达能力差，非书面材料理解难，不善于从口头语言中获得信息，听觉刺激不敏感。	自学时不能集中注意力，不喜欢做笔记，书面材料及动作技能的操作性差。	通过视觉、听觉接受信息欠佳，书面测验分数欠佳。
教学策略	匹配策略	鼓励学生开展自学，鼓励他们独立解决问题。多运用多媒体进行教学。使用视觉性词汇，引导学生在头脑中产生画面。	加强听说训练，通过讨论、辩论、角色扮演、演讲、作报告等形式进行教学。运用讨论式教学。	动手操作与活动性教学，通过角色扮演、实验演示、游戏等多让学生体验。认真做好笔记、练习。

① 赵文英:《中学生感知学习风格的特点及其与教学方式的匹配性》，河南大学 2010 年硕士论文；陈美荣等：《中学生学习风格的调查研究》，载《江西教育学院学报》(综合)，2012 年第 6 期。

续 表

特征与策略 \ 学习风格		视觉型	听觉型	动觉(触觉)型
	有意失配策略	鼓励学生做笔记,加强口头训练指导,运用讲授、录音材料等方式进行教学。	要求学生做笔记、练习,播放视频,运用图表、幻灯片、演示、实验等进行教学。	多练习听力,加强书面阅读,练习朗诵播音,运用讲授、幻灯片或视频教学。

测试学生感知学习风格的研究工具多种多样,国外学者常用的主要有里德(J. Reid)设计的《感知学习风格偏爱调查表》和布莱恩(L. O'Brien)设计的《学习方式偏爱调查表》。里德在对感知学习风格进行深入细致的研究之后将学习风格划分为视觉学习、听觉学习、动觉学习、触觉学习、小组学习和个体学习。该调查表由 30 个项目组成,每个项目从"完全同意"到"完全不同意"分为五个等级,这项研究产生了深远的影响。布莱恩的《学习方式偏爱调查表》于 1985 年设计完成,并于 1988 年和 1990 年重新修订,也被认为是可信度很高的测试工具,包含三个分问卷,分别测查视觉型、听觉型、触觉型这三种感知学习风格的偏好情况。国内许多感知学习风格的调查,都是以上述调查表为基础作一定的修改后进行的。

二是根据个体的认知风格进行分类。认知风格是指个体在认知活动中所偏爱的加工信息的方式,即个体对外界信息的感知、注意、思维、记忆和解决问题的方式。认知风格和学习风格具有十分密切的联系,在一定意义上可以说,学习风格是认知风格在学习过程中的应用。当然,学习风格不仅仅涉及认知层面,还涉及技能和情感。

对认知风格的分类大致有扫描型与聚焦型、序列型与整体型、冲动型与思考型、发散型与聚合型等数十种。其中,场依存型与场独立型是人们研究最深、应用最广、成果最多的一种认知方式,可以说是认知风格的核心。

场独立和场依存是两种普遍存在的认知方式。所谓场就是指周边环境。"场独立型者对客观事物作判断时,倾向于利用自己内部的参照,不易受外来因素影响和干扰;在认知方面独立于周围的背景,倾向于在更抽象和分析的水平上加工信息,独立对事物作出判断。场依存型者对事物的知觉倾向于以外部参照作为信息加工的依据,难以摆脱环境因素的影响,他们的态度和自我知觉更易受周围的人,特别是权威人士的影响和干扰，善于察言观色，注意并记忆言语信息中的社会内容。”①

场独立型者和场依存型者有着不同的学科喜好。场独立型者一般喜好数学、自然科学等，场依存型者更喜欢人文学科、社会学科等。但场独立型与场依存型并非严格的对立，极少存在完全是场独立型或场依存型的个体，大多数人处于两者之间，要么是场独立风格占优势，要么是场依存风格占优势。学生的场认知方式随年级的增长而趋于独立，特别是到了初三年级以后，男生普遍趋向更强的场独立性。初中毕业刚进入高中阶段，学生的认知方式存在性别差异，一般认为女生倾向更加直觉、保守、细致，在认知风格上更多表现为场依存性，男生则倾向于更具分析性、开放性和整体性，在认知风格上更多表现为场独立性。但随着年级增长、个体成熟，这种差异逐渐缩小。②

尽管认知风格会使学生在学习方式、学习爱好，甚至学业成绩等方面存在差异，但这并不意味着他们在学习能力上存在高低。以数学学科为例，一些研究表明，在同一教师同一教学方法，以及学生的认真程度相当的情况下，学习成绩的好坏完全由学生的认知方式决定，成绩好的一定是场独立型的学生。③ 但这只是由于学习过程存在差异。美国心理学家布鲁姆认为占 90%的学生的能力倾向差异不过是学习速度的差异，而不是智能的差异，只要教师给予足够的学习时间和适当的学习指导，95%的学生在学习某一门学科时都能达到全部的教学目标，获得优异的成绩。这就要求教师能够针对学生认知方式的特点，采取相应的教学策略，给予他们有针对性的帮助。

美国学者乔纳森(D. H. Jonassen)、格拉博夫斯基(B. L. Grabowski)等人的研究指出，在学习内容方面，场独立型者更适合完成以下学习任务：问题解决学习(特别是数学)情景；找出特定学习领域中基本的、起组织作业的框架；消除语法或句法规则歧义的语言学习；识别给定信息的突出或重要方面；把运算法则或操作工序迁移到新的情景。而场依存型者适合完成这样一些任务：团体给定和合作性的工作情景；遵循标准化的行为模式的学习情景；按信息被呈现的方式回忆信息的测试情景。在教学策略

① 邵瑞珍著：《教育心理学》，上海教育出版社 2002 年版，第 262 页。

② 董圣鸿等：《高中生认知方式特点及其与学绩关系的研究》，载《心理学探新》，2003 年第 2 期。

③ 参见熊晓东：《场依存性—独立性的认知方式与内外向性格对数学学习影响的个例实验研究》，载《数学教育学报》，1997 年第 2 期；唐殿强等：《高中生认知方式与学业成绩关系研究》，载《辽宁教育研究》，2002 年第 12 期。

方面，对场独立型者有利的教学条件有：使用诸如分数这样的非社会性奖赏；提供独立的学习环境；运用更多的学习策略；提供丰富的内容资源和参考材料；提供个体化的、自定步调的学习机会；提供少量的、最低限度的教学指导和矫正性反馈；允许学生提出自己的组织结构；教师扮演顾问、倾听者、商议者和促进者的角色。对场依存型者有利的教学条件有：使用社会性的奖赏；使用合作学习策略，提供协作性的、互动性的学习环境；提供明显的组织线索，使教学具有结构性；提供清楚、明确的教学指导；在教学前使学生熟悉有关情况；经常使用矫正性的反馈；提供有关教学内容的纲要；提供作为原型的典型例证；教师扮演讲演者、示范者、矫正者、打分者、材料设计者等角色。[①] 由于场独立性与场依存性在许多方面是互补的，因此对场独立性学生施加匹配策略，也就是对场依存性学生施加有意失配策略。

表 2-2　场独立型与场依存型者的学习特征及教学策略

特征与策略 \ 学习风格		场独立型	场依存型
学习特征	特点	不易受外来因素的影响和干扰，善于在更抽象的和分析的水平上加工，独立对事物作出判断，能根据自己的习惯来安排学习进度。	善于学习与记忆包含社会性内容的材料，喜欢社会方面的活动，对他人表现得热情、友好、宽容、体谅他人等。
	不足	社会敏感性差，不善于与其他同学进行交往，社交能力差。	易受他人暗示，独立性弱，学习缺乏主动性，不善于自己安排学习，需教师指定学习目标。
教学策略	匹配策略	在学习方式上，偏爱独立学习，学习效率高；在课堂提问方面，适合笼统的单独提问设计；在课堂反馈方面，教师可以先让学生进行独立研究，自我思考后再给予反馈。在教学方法上；适合结构松散不严密的教学方法。	在学习方式上，提倡合作学习，相互激励，相互启发。在课堂提问方面，适合连续的小步子的提问设计。在课堂反馈方面，教师需要及时给予学习结果反馈，激发学生的学习动机。在教学方法上，适合结构严密的教学方法。
	有意失配策略	讲授法、整体性教学、集体教学、小组合作、讨论法、教师监控学习过程、归纳总结等方式。	独立学习、分析性教学、个别教学、动手实验、抽象演绎、列提纲、提问背诵等方式。

① 参见夏正江著：《一个模子不适合所有的学生》，华东师范大学出版社 2008 年版，第 53—54 页。

关于场独立型与场依存型认知风格的测定，目前研究中采用较多的一种方法是镶嵌图形测验，又名隐蔽图形测验。在镶嵌图形测试中，要求被测试者在固定的时间内从复杂图形中准确找出指定的简单图形，找出的正确图形越多，分数就越高，说明被测试者场独立性越强，反之，找对的图形越少分数就越低，说明被测试者场依存性越强。在镶嵌图形测试中，由于没有独立的工具测量场依存风格，所以通常把场独立的缺失默认为场依存的存在。国内常用的是北京师范大学心理学系孟庆茂等人修订的《团体镶嵌图形测验》。在测验中，能排除背景因素的干扰从复杂图形中迅速地、容易地知觉到指定的简单图形者为场独立型；而完成该项任务较为困难者为场依存型。

三是根据个体的性格因素进行分类。性格是非智力因素中最重要的因素，往往能够补偿能力的不足，在一定条件下，良好的性格甚至是获得事业成功的必要条件。人的性格受制于人的能力、气质、需要和兴趣，恩格斯说："人物的性格不仅表现在他做什么，而且表现在他怎么做。"在教师的普遍印象中，成绩好的学生一般都是自信、开朗的，他们认真负责、成熟懂事；而成绩不好的学生一般都是胆小紧张、缺乏自信、马虎粗心的。有人将物理竞赛获奖生与一般学生性格特征对比研究后也发现，获奖生较为突出的个性特点是自信心强、当机立断、细致多虑。①

内外向的性格概念，首先由瑞士精神分析学家荣格(G. G. Jung)于 1913 年提出。他认为在与周围世界发生联系时，人的心理一般有两种定势，一种定势指向个体内部世界，叫内向；另一种定势指向外部环境，叫外向。"纯粹内向或外向性格的人是很少的，只是在特定场合下，由于某种情境的影响而倾向于一种占优势的态度，这种占优势的态度就构成了人类的两种基本性格特征，即外向型性格和内向型性格。"②

根据学生的性格不同，可以将学习风格分为"内向型"和"外向型"。关于外向型性格和内向型性格与学生的学习成绩，特别是外语学习的相互关系，中外许多研究者都进行了研究，存在着两种不同的观点。一种认为外向型者在学习外语方面占据优势，因为他们比较善于社交，有着较强的交际技巧，而社交倾向性有助于得到更多的练习机会，获取更多的语言信息；另一种则认为内向型者占据优势，因为他们在认知学术语

① 陈仲秋：《性格特征对物理学习的影响》，载《物理教师》，1996 年第 10 期。

② 车文博著：《心理学原理》，黑龙江人民出版社 1986 年版，第 609 页。

言水平方面具有优越性，往往花费大量时间从事阅读和写作，从而容易在学术上取得成功。虽然研究结果不尽相同，但是大部分的实验证明外向型学生的外语成绩要好于内向型学生。

表 2－3　外向型者与和内向型者的学习特征及教学策略

特征与策略 \ 学习风格		外向型	内向型
学习特征	特点	注重外在动机，性格开朗，善交往，喜欢集体学习，易适应环境，反应迅速，好胜、自信。	偏重于内在动机，喜欢独立思考，学习勤奋刻苦，有持续性，意志坚定，能执行学习计划。
	不足	稳定性较差，不能集中注意力。学习不踏实，易受外界干扰，缺乏计划性。不善于吸取教训，难以对问题进行深入研究。	不善与人交流，因而思维的广度、深度受到限制，影响学习效果。过于细腻、拘谨，导致时间和精力的浪费。过于关注细节抓不住重点，对于失败过于计较，容易失去信心。
教学策略	匹配策略	适合小组合作学习、讨论式教学等集体教学。开展扮演角色、模仿、实验演示等操作性、开放性教学。在教学过程中可提供听觉刺激。	运用讲授法，开展分析性教学，发挥其富于想象、爱思考的特点。开展个别化教学，独立学习。运用动手操作、模仿扮演、实验等教学手段。
	有意失配策略	鼓励独立学习，实施分析性和个别化教学。教师监控学习过程，指导学生养成踏实学习的习惯。要求学生做好笔记，加强记忆。	实施集体教学，加强与人交流，倾听别人的意见，增强学习的信心。鼓励多动手做实验，演示等操作性学习。多提供视听刺激等。

关于学生的内外向型性格，常用艾森克人格问卷进行测试。这一问卷是英国心理学家艾森克(H. J. Eysenck)等人设计的关于人格维度研究的测定方法，具有较高的信度和效度，其所测得的结果可同时得到多种实验心理学研究的印证，因此它也是验证人格维度理论的根据。艾森克人格问卷的中文版经过多次修订后，相关的研究和使用情况表明，该问卷内容适合我国国情，有一定的信度和效度。[①]

① 金瑜著：《心理测量》，华东师范大学出版社 2001 年版，第 135—138 页。

第四节　学生的家庭背景分析

虽然智力因素对学生学习成绩的影响是肯定的，但相对于社会因素及非智力因素而言，这一影响在正常学生中所占比重相对较小，学生的家庭背景与学生身心的发展关系更为密切。苏霍姆林斯基说过："学校里的一切问题都会在家庭中得到折射式的反映，学校复杂的教育过程中产生的一切困难的根源都可以追溯到家庭。"因此，教师要准确分析学情，还必须了解学生的家庭背景，以及由此形成的学生身心特点。

家庭背景是一个含糊而且内涵宽泛的概念，父母的职业、社会地位、经济收入、受教育水平、家庭人口数量和结构、家庭所在地、种族、民族等都是家庭背景的组成部分，而其中对学生影响最大的家庭背景因素主要包括家庭的社会经济地位、家庭教养方式、家庭结构等。

1. 学生的家庭社会经济地位

在教育研究中，学生家庭的社会经济地位常被用以作为研究家庭环境对学生身心发展有何影响的指标之一。从家庭社会经济地位的角度对学生特点进行系统研究，最早是从美国教育社会学家科尔曼（J. S. Coleman）开始的。科尔曼领导的研究小组于1965年对美国64万中小学生进行调查，并在他1966年发表题为《教育机会均等》的研究报告中指出：用调查方法进行的大规律研究表明，现代社会的家庭背景对学校成就中的差异影响程度，比构成教育环境的各种其他因素影响程度要大得多，大约1/2到2/3学生成绩可用家庭特别是家庭的社会经济地位变量来解释。其后，许多学者对家庭背景与学生学业成绩的关系进行了调查研究。

国内外已有的研究大多表明，家庭社会经济地位高的学生，学习成绩普遍优于家庭社会经济地位弱的学生。近些年来国内开展的相关调查，许多都证实，无论是经济发达地区，还是经济欠发达地区，家庭社会经济地位都会影响学生的学习成绩。如有人通过问卷调查以及与教师访谈和座谈，发现在上海市现有的教育体制下，家庭社会经济地位对义务教育阶段学生英语学习有显著影响，优越的家庭背景能为学生的英语学习提供良好的条件，不仅极大地提高学生学习英语的信心和兴趣，也对学生成功学习外语有着显著的影响。[①] 另外一项涉及中国西部五省的抽样调查显示，不管是在学生总体样本中，还是分性别、民族的学生样本中，学生家庭社会经济地位与学业成绩均呈正相关，即学生家庭社会经济地位越高，就越可能获得较高的学业成绩。虽然在不同性别、不同民族的学生内部，家庭社会经济地位指数对学业成绩的影响程度有所不同，但始终呈现正向的影响趋势。[②] 国际学生评估项目(PISA)的研究还发现，学生家庭的社会经济地位不仅对学生的学业成绩有显著的影响，同时也影响不同学校的教育质量差异。[③] 可见，家庭的社会经济地位会对学生学习成绩产生影响在国内外都是一种普遍现象。

父母受教育程度、父母职业地位和学生家庭所拥有的经济资源是测量学生家庭社会经济地位时被考虑到的三个最常见的构成要素。[④]

了解学生父母的受教育程度有多种做法，可以单独测算父亲受教育程度，也可选父母受教育程度的最高者进行测算，或综合父母的平均受教育程度进行测算。由于母亲承担更多照看孩子的家庭工作，因此母亲受教育程度对子女的学习成绩有重要影响。

学生父母职业地位是测量学生家庭社会经济地位的另一项重要构成要素。一般来说，职业好也意味着家庭经济条件好。在一些学者看来，职业地位可以说是代表个人社会阶层的最佳单一指标。在家长职业(不论父方或母方)类别不同的条件下，其子女的学习成绩存有较为显著的差异。如干部(含知识分子)类职业的父母，其子女的成绩普遍高于工人类职业父母的子女；工人类职业父母的子女，其成绩又普遍高于个体户和无业父母的子女。[⑤] 当前职业地位的测量技术已相当成熟，许多国家、地区和组织的学者都已开发出各自的职业声望或职业地位对应表，这使得职业地位测量工作变得相对简单。教师只需选择一种合适的职业地位对应表，有针对性地设计问卷，并进行适当的数据处理，就可以获得自己想要的信息。

---

① 邹为诚等:《家庭背景对上海市义务教育阶段英语学习的影响》，载《国外外语教学》，2005 年第 4 期。

② 刘笑飞等:《基础教育学生学业成绩与家庭社会经济背景研究》，载《天中学刊》，2009 年第 1 期。

③ 占盛丽:《从个人和学校视角看家庭社会经济地位对学生学业成绩的影响》，载《上海教育科研》，2009 年第 12 期。

④ 钟景迅等:《学生社会经济地位的概念、测量及其应用研究综述》，载《全球教育展望》，2012 年第 12 期。

⑤ 李勇等:《家长的职业、文化程度和家庭经济状况对学生学习成绩的影响》，载《现代中小学教育》，1998 年第 1 期；刘少文等:《家庭背景和儿童智力结构与学习成绩关系的研究》，载《中国心理卫生杂志》，1992 年第 4 期。

对于学生家庭所拥有的经济资源，由于涉及隐私，教师可以通过询问学生家庭中拥有特定物品的状况，间接了解学生家庭财富信息。很多学者认为，虽然经济环境对学生的学习有一定的影响，但是家庭文化背景却起着决定性的作用。当经济条件达到一定的水平之后，经济环境对学生的学习作用力会相对减少，个人的教育成就取决于家庭的文化环境要多于物质环境，因此研究家庭文化背景对学生学习能力的影响是十分必要的。了解学生家庭书本、某些艺术品等文化产品的拥有量，不仅可以反映学生家庭的社会经济地位，也可以了解学生家庭的文化资本量。例如，2006 年 PISA 测试学生问卷中关于家庭经济的调查有下面两个相关的题目，可供教师参考。

表 2－4

Q13	你家中有下列物品吗(请在每一行选择一个方框打钩)						
题号	内容	有	没有	题号	内容	有	没有
a	一张学习用的书桌			h	经典文学作品		
b	一间你自己的房间			i	诗词集		
c	一个安静的学习场所			j	艺术品		
d	一台你可以用来完成学校作业的电脑			k	教辅读物		
e	教育软件			l	字典、词典		
f	因特网连接			m	洗碗机		
g	你自己的计算器			n	DVD 或 VCD 机		

对于表中的选项，教师可以根据实际情况进行改动，如“经典文学作品”、“艺术品”、“教辅读物”等选项，教师可以列举出一些具体的选项，以便更适合班级学生的实际，如表 2－5 所示：

表 2－5

Q15	你家里有多少本书?				
	每一米长的书架上通常可以放大约 40 本书，请不要将杂志、报纸和你的学校课本计算在内(请只选择一个方框打钩)				
a	0—10 本		d	101—200 本	
b	11—25 本		e	201—500 本	
c	26—100 本		f	超过 500 本	

2. 学生的家庭教养方式

家庭教养方式，指父母教养子女所采用的相对稳定的方式方法。它包含了父母对子女的教养态度和感情，反映了亲子互动的性质，具有跨情景稳定性和明确的教养目的，对儿童的社会化有着重要影响，受到心理学家、社会学家和教育学者的广泛关注。家庭教养方式是在家庭感情氛围中表现出来的，学生的态度、感受、认知和一般行为可以反映出家庭中占优势的感情氛围。因此，不同家庭教养方式下成长的学生存在着明显差异。最早研究父母教养方式对儿童社会化影响的是美国心理学家西蒙兹，他发现被父母接受的孩子一般都表现出社会所需要的行为，如情绪稳定、兴趣广泛、富有同情心等；被父母拒绝的孩子大多情绪不稳、冷漠，倔强并有逆反心理倾向；受父母支配的孩子比较被动顺从，缺乏自信，依赖性强；让父母服从自己的孩子有较强的进攻性。

家庭教养方式不仅影响着学生的性格发展和个性特征，也影响着学生的学业成绩。有人对优秀生和差生的家庭教养方式进行调查，发现优秀生的家长一般对家庭教养有较明确的认识，能较好地处理养和教的关系，为孩子的学习创造良好的心理环境，促成学业成功；而差生的家长对家庭教养缺乏正确的认识，因而有可能影响了孩子的学习。[①] 还有一些研究结果表明，父母教养方式对青少年的自尊有较好的预测作用。[②]

家庭教养方式大致可以划分为权威型、专制型、宽容型和忽视型四种类型。与专制型等家庭相比，权威型家庭的儿童成熟、独立、自信、和善，具有良好的社会适应能力，对同伴热情、友好，具有更多的社会责任感和成就倾向。相反，那些极端型教育方式中成长的儿童对事物缺乏浓厚的兴趣与探究精神，不善于社会交往，常常表现出焦虑等特征。具体来说，家庭教养方式对学生的影响如下：

权威型的教养方式表现为：期望孩子的智力和社会性行为具有与年龄和能力相一致的表现；友好地培养和诱导儿童的观点和情感；对决策做出解释。与此对应的儿童社会化的主要特点是独立、自信心强、对同伴友好、与父母合作、快乐、成功。

专制型的教养方式表现为：过分控制，没有温情和双向的交流；设置绝对的标准；要求对权威和传统的服从与尊重；要求孩子努力工作。与此对应的儿童社会化的主要特点是表现孤僻，缺乏自主性。女孩是依赖性的，缺少成就激励；男孩倾向于对伙伴进

---

① 钟鹏明等：《家庭环境对学生学习影响的调查与分析》，载《上海教育科研》，1995 年第 9 期；董泽芳：《家庭环境对学业成绩的影响》，载《教育研究与实验》，1991 年第 2 期。

② 张文新等：《青少年的自尊与父母教育方式的关系》，载《心理科学》，1998 年第 6 期。

行攻击。

宽容型的教养方式表现为：维持儿童少量的需求，接受，反应以儿童为中心。与此对应的儿童社会化的主要特点是：在心境上是积极和有益的，但在控制冲动性、社会责任和自信上不成熟，有攻击性倾向。

忽视型的教养方式表现为：父母被自己的活动所吸引，不关心孩子，也对他们的活动没兴趣，缺乏双向交流，很少注意孩子的观点和情感。与此对应的儿童社会化的主要特点是：喜怒无常，无法专心，放荡，对冲动和情感的控制较少，对学习缺少兴趣，逃学率较高。①

国外关于父母教养行为的研究成果很多，编制的父母教养方式评定量表也较多，最常用的有两类：一类是父母教养方式量表（Egna Minnen av Barndoms Uppfostran，简称EMBU），用以评价父母的教养态度和行为。另一类则是父母教养方式问卷（Parental Bonding Instrument，简称 PBI），用于测量父母对子女的教养方式。国内虽然对父母教养方式的研究十分重视，但是目前还没有开发出较为成熟的评定工具，主要还是对国外的问卷进行编译。1993 年国内学者对家庭教养方式量表（EMBU）进行修订，形成了中国版的 EMBU 量表。② 但该量表条目过多、结构不太确定，只能根据具体维度对父母教养方式进行分析，而不能分出特定的教养类型。③

PBI 是评估个体对儿童时期（16 岁以前）父母养育方式的认知的自陈量表，分为母亲版（PBI－M）和父亲版（PBI－F）。PBI 问卷由关怀和过度保护两个维度构成。众多的研究表明，PBI 具有良好的信度，不存在性别差异，深受研究者青睐，已经成为国外临床和研究领域中普遍使用的教养态度评定工具，并且被翻译成多种文字，用于不同文化背景的国家。国内也有学者的研究显示，修订后的中文版 PBI 具有良好的信效度指标。④ 经修订的 PBI 母亲版和父亲版分别为 23 个条目，分为关爱、鼓励自主和控制三个因子。⑤ 采用 4 点计分形式，“0”代表“非常不符合”，“1”代表“比较不符合”，“2”代表“比较符合”，“3”代表“非常符合”。教师可以利用这一问卷来调查班级学生的家庭

---

① 参见龚艺华：《父母教养方式问卷的初步编制》，西南师范大学 2005 届硕士论文，第 7—8 页。

② 中国医科大学心理学教研室：《父母教养方式：EMBU 的初步修订及其在神经症患者的应用》，载《中国临床心理学杂志》，1993 年第 3 期。

③ 刘利等：《父母教养方式问卷中文版在大学生中的信度效度研究》，载《中国临床心理学杂志》，2009 年第 5 期。

④ 蒋状等：《父母教养方式问卷（PBI）的信效度研究》，载《心理科学》，2009 年第 1 期。

⑤ 参见杨红君等：《父母养育方式量表（PBI）中文版的初步修订》，载《中国临床心理学杂志》，2009 年第 4 期。

教养方式，并以此来加强对学生的了解，附表如下。

表 2－6　父母教养方式问卷母亲版(PBI－M)

以下列出了母亲可能存在的各种态度和行为。请回忆你 16 岁之前母亲的表现，在每一栏目最符合的数字上打“√”：0 分(非常不符合)、1 分(比较不符合)、2 分(比较符合)、3 分(非常符合)。

在我 16 岁前，我的母亲	非常不符合	比较不符合	比较符合	非常符合
1. 用温和友好的语气与我说话				
2. 没有给我足够的帮助				
3. 允许我做自己喜欢的事情				
4. 情感上显得对我冷淡				
5. 了解我的问题与担忧				
6. 对我很疼爱				
7. 喜欢让我自己拿主意				
8. 不想我长大				
9. 试图控制我做的每一件事				
10. 侵犯我的隐私				
11. 经常对我微笑				
12. 似乎不明白我需要什么和想要什么				
13. 让我决定自己的事情				
14. 让我觉得自己是可有可无的				
15. 在我心烦意乱的时候可以让我心情好起来				
16. 不经常与我交谈				
17. 试图让我觉得我离不开他				
18. 觉得没有她在身边我就不能照顾好自己				
19. 给我足够自由				
20. 允许我自由外出				
21. 对我保护过度				
22. 从不夸奖我				
23. 允许我随心所欲选择穿着				

父母教养方式问卷母亲版(PBI－M)与父亲版(PBI－F)题目相同,维度一致。该量表把父母教养方式分为权威型(高关爱、高控制)、民主型(高关爱、低控制)、专制型(低关爱、高控制)、放任型(低关爱、低控制)等几种不同的类型。

在母亲版(PBI－M)中,关爱因子有1、2、4、5、6、11、12、14、15、16、22共11个条目,反映母亲对孩子温和、理解、支持;鼓励自主因子有3、7、13、19、20、23共6个条目,反映母亲鼓励孩子独立和自主;控制因子有8、9、10、17、18、21共6个条目,反映母亲过分干涉孩子的成长,严格限制孩子的自由;其中反向计分有2、4、14、16、18、22共6个条目。母亲版(PBI－M)中,得分大于29.62为高关爱,小于19.12为低关爱;控制得分大于8.64为高控制,小于1.98为低控制。

在父亲版(PBI－F)中,关爱因子有1、2、4、5、6、11、12、13、15、16、22共11个条目,反映父亲对孩子温和、理解、支持;鼓励自主因子有3、7、14、19、20、23共6个条目,反映父亲鼓励孩子独立和自主;控制因子有8、9、10、17、18、21共6个条目,反映父亲过分干涉孩子的成长,严格限制孩子的自由;其中反向计分有2、4、14、18、22共5个条目。父亲版(PBI－F)中,得分大于27.17为高关爱,小于15.71为低关爱;控制得分大于7.62为高控制,小于1.38为低控制。

3. 学生的家庭结构

家庭结构是家庭成员的构成及其相互作用、相互影响的状态,以及由这种状态形成的相对稳定的联系模式。家庭成员之间不同的组合关系和方式,会导致家庭环境、家庭教育方式、家庭成员的关系也不相同,并最终影响儿童的人格发展。随着我国经济社会的发展,我国的家庭结构发生了急剧的变迁。一方面,独生子女家庭越来越多;另一方面,由于离婚率的上升,单亲家庭、再婚家庭等特殊家庭数量也不断增加。家庭结构的这种变化,对学生的行为和心理都会产生影响。了解这些学生的特点,有利于课堂教学的开展。

独生子女是中国社会普遍存在的现象,是家庭的"小太阳"、"小皇帝"。早期对于这类孩子的研究得出的结论主要是负面的,这些研究指出,独生子女在行为方面问题多,缺点严重。这也使得人们对于独生子女惯有的看法是任性自私、责任感不强等。但这种"印象"并不准确。有研究者总结1980年到2001年的22年中国内各种学术刊物上发表的有关独生子女问题的论文,证明在个性特征(个性品质、心理特征、行为特征)方面,独生子女与非独生子女并没有显著差异,两类青少年之间在性格特征上相似性多于相异性,都具有较好的独立生活能力。独生子女兴趣爱好广泛,社会道德素质好，具有强烈的自我提高需要，具有较高的交往能力等，但成就需要较低，认知需要不强烈。①

独生子女的这些特点会影响到他们在教学中的行为表现和学业成绩，使得他们更适应学校生活，在学习上的共性表现为“四强四差”：反应力强，坚持性差；想象力强，判断性差；理解力强，严谨性差；独立性强，刻苦性差。具体表现为在课堂教学活动中，独生子女反应快思维灵活，具备较强的发散思维能力，喜欢表达自己的不同观点且喜欢教师肯定这些观点。求知欲较强，能够通过具体的感性材料形成抽象的理性认识，迅速掌握新的知识及其规律。这类学生能积极运用创造性思维大胆设想问题，敢于表达自己的见解。但从个性差异上看，与非独生子女相比，他们思维的深刻性差异较大，多数发散思维过于活跃，因而在课堂上往往出现易发难收的现象。针对独生子女的这些特点，教师在教学中既要充分发挥他们善于思维、善于表达的特点，引导他们大胆想象，敢于提出独特、新颖的见解，也要帮助他们总结提升，养成良好的学习习惯。

单亲家庭、再婚家庭等特殊家庭也是当前家庭结构的一种重要形式。苏联心理卫生学家克雷洛夫指出：“在不完整家庭中，由于双亲中的一个人要同时担当起两个角色，这就难免使孩子的心理（情绪、意志、智力等）发展出现种种障碍。这种家庭里的孩子常常表现出不成熟和情绪的不稳定性。”家庭结构的变异对于学生的影响是巨大的。美国一项对 15 个州 24 万名中小学生的调查表明，家庭的缺损对孩子的心理发展有明显的影响。在学校里，单亲家庭的孩子比双亲家庭的孩子麻烦更多，他们进步慢，缺点多，违反纪律的行为也多。当学生进入中学后，这些身心不良的状况较那些家庭完整的孩子更为明显。②

在国内，近几年来关于家庭结构与学生身心发展的关系受到越来越多的关注。从已有的调查来看，这类家庭的孩子主要有以下几个特点：一是相对于普通家庭，特殊家庭教养人在教养子女时更多地采用惩罚等严厉的教养方式；二是他们的情绪不稳，据调查 97.3%的再婚家庭儿童的情绪稳定性很差，其中约有 21.6%的儿童有较严重的情绪烦恼，18.9%的儿童精神紧张，56.8%的儿童有较强的压抑心理；三是学习焦虑现象比较普遍，特殊家庭学生作为一个脆弱的社会群体，由于生活环境与氛围不同于一般家庭，受到的影响非常复杂，学习焦虑在他们身上表现得更为明显；四是他们对学校

---

① 风笑天：《中国独生子女研究：回顾与前瞻》，载《江海学刊》，2002 年第 5 期。

② 张淑萍：《单亲家庭学生的心理现象及家庭教育对策》，载《家教论坛》，2004 年第 4 期。

有较强的依恋心理。对于这类学生，教师要从其家庭特点出发，在行为习惯、学习成绩、心理发育方面加倍关心。除了与家长紧密合作，在生活上给予关心外，更要在教学中要给予更多的关注。如，营造良好的教学氛围，打造和谐的班集体，让他们感受到班集体的温暖和关爱；有意识地设计简单一些的问题并让他们回答，以此来更进一步地激发其学习的内在欲望；及时给予表扬与鼓励。

在城市随着生活节奏的加快，在农村随着留守儿童的增多，隔代教养已经成为一种常见的家庭教育现象。据教育部有关资料显示，全国 16 岁以下的非父母抚养儿童已达 1000 万人，其中 84%是由祖辈抚养①，从受教育者年龄段看，隔代教养主要集中于义务教育阶段。② 这不仅仅是一种家庭结构的变化，它更反映了家庭教育方式的改变。隔代教养受到国内外许多学者的共同关注，从已有的研究来看，隔代教养既有优点，也有缺点，但缺点大于优点。关于隔代教养对学生性格和学业的消极影响，归纳国内外相关研究，得到这样的结论：隔代教养的儿童容易产生焦虑、紧张、拒绝、失落和沮丧等消极情绪，他们出现的行为问题也要比一般的儿童多；在学业成绩上，隔代教养的儿童易产生厌学、成绩不理想等学习问题。总体上看，大部分受隔代教育的学生学习成绩处于中等及中等以下水平。③ 对于这类学生，教师同样需要给予特别的关注。

---

① 参见袁凯歌等：《隔代抚养对个体发展的影响》，载《社会心理学》，2013 年第 7 期。

② 曾彬：《我国隔代教育研究述评》，载《内蒙古师范大学学报》（教育科学版），2007 年第 2 期。

③ 参见段飞艳等：《近十年国内外隔代教养研究综述》，载《上海教育科研》，2012 年第 4 期。

第三章
课堂教学现实起点分析

上课前，教师了解学生已有的知识与能力、学生学习的动机与态度，也就是学生的学习准备，有利于加强教学设计的针对性，提高课堂教学的质量。学习准备又可称作学习的条件，是指学生原有的知识水平或心理发展水平对新的学习的适应，包括认知准备和心理的准备。学生的学习准备状态是课堂教学的现实起点，关系到课堂教学目标的设定、教学过程的展开等。美国心理学家布卢姆(B. Bloom)认为学生对新的学习任务的掌握取决于三个因素：认知状态、情感特征和教学质量。只有课堂教学尊重了学生的认知准备状态和情感准备状态，才能保证教学的质量。

第一节　学生的认知准备分析

学习新知识是一个以个体原有知识为背景，并对新知识进行理解与加工的过程。教育心理学家奥苏贝尔曾说："假如让我把全部教育心理学仅仅归结为一条原理的话，那么，我将一言以蔽之曰：影响学习的唯一最重要的因素，就是学习者已经知道了什么。要探明这一点，并应据此进行教学。"奥苏贝尔强调的是，学生原有的知识经验为新知识的学习提供"固着点"，新知识是通过与起固定作用的原有知识经验进行相互作用而获得的。

学生的认知准备是指学生学习新的任务已具备的知识，是所有学习的准备中最关键、最核心的因素，属于智力因素的准备。良好的认知准备在新旧知识间搭起桥梁，教学经验表明，当教师把新知识与学生原有知识结合起来时，学生对新知识的建构就会更加顺畅。学生已有的知识，不仅仅是教材中出现过的知识，也不仅仅是教师讲过的知识，而是学生真正掌握的知识，是学生真正能够运用的知识。对学生已有知识的分析，是教师在教学设计中需要认真对待的重要任务，只有正确了解了学生已有的知识和经验，课堂教学才能找准真正的起点。

但是，课堂教学中教师没有把握学生已有的知识和经验、踏不准课堂教学起点、影响教学效率的现象并不少见。从实际的课堂教学来看，教师对于学生真实学习起点的把握还存在着诸多偏差，主要表现在三个方面：一是高估了学生的现实起点，使得学习难度增大，老师教起来费劲，学生学起来吃力，学习过程毫无乐趣而言；二是低估了学生的现实起点，降低了学习难度和教学目标，教师精心设计的教学活动，激发不了学生的学习兴趣；三是无视学生的差异，置学生于同一起点，导致有的学生"吃不饱"，有的学生"吃不了"。这三种情况的出现，根本原因在于教师课前没有对学生进行准确的学情调查和分析，所定的教学起点与实际的学习起点不相吻合。

学生的认知状态不仅仅提供了课堂教学的"现实起点"，也为教师在对教学内容和学生认知水平进行综合考虑后，确定学生的最近发展区提供了基础。对于学生"现实起点"的分析，随着学生获取信息渠道的多元化，他们的真实状态可能远远超出了教师已有的经验，因此需要运用科学的方法进行认定，而不能简单地依据教师个人的经验和感觉。

对学生进行前测来了解学生实际状况，是教师找准教学现实起点的有效方法。前测是指在进入系统学习之前，教师对学生起点能力进行的测试评估。教师通过前测可以了解学生已有的知识能力基础、学生的生活经验、学生的情感态度、学生真实的发展需求。在进行前测时，教师应确保纳入测评范围的知识与技能是真正重要的、关键的，是与新授内容具有“连接点”的，而不是对学生已有知识与技能的“刨根问底”。前测的方法是多样的，教师可以根据自身的实际情况选择适合的方法，也可以将不同的方法结合起来使用。学情分析中常用的前测方法主要有：

1. **访谈法**

访谈是指教师在教学前通过与学生进行有关新知识方面的沟通与交流，来了解学生有关状况的方法。从访谈对象上看，教师可以访谈学生家长、其他任课教师，也可以直接和学生交谈，从而对学生有一个比较全面的了解；还可以进行不同角度下的对比分析，增强学情分析的可信度。例如，一位高中历史老师在准备《毛泽东思想》的公开课前开展了一次学情调查。在学情调查前，这位教师根据经验认为，学生从初中到高一通过历史、政治、语文等课程的学习，已经很多次接触过毛泽东这个人物，对毛泽东个人有一定的了解也应当有较深的感情，因此《毛泽东思想》这一课的重点应当放在引导学生加深对“毛泽东及毛泽东思想”的认知和“毛泽东思想”内容的理解和掌握上。为了了解学生对上述内容是否真正了解、掌握到什么程度，教师通过个别访谈来开展学情调查：

我采取“访谈法”，找来几位学生进行了解：“你对毛泽东知道多少？”学生的回答让我失望：“知道很少。”甚至还有干脆回答说“不知道”。不仅如此，有些学生的话让我吃惊：“我不喜欢毛泽东。”吃惊归吃惊，问题还得继续，我问：“为什么不喜欢毛泽东？”几位学生纷纷发言，概括起来主要是：毛泽东发动了“文化大革命”、毛泽东搞个人崇拜。

简单的访谈，使我初步了解学生对这节课的知识储备和情感态度，也使我更加明白了“任何事情不可想当然”的意义。通过与学生围绕“毛泽东及毛泽东思想”的对话，我得出了以下几点认识：

(1) 学生对毛泽东及毛泽东思想知之甚少。这是最基本的学情，教学基点应由此出发。

(2) 学生不能全面、辩证地看待毛泽东的历史功过是非问题，辩证史观的渗透尤为需要。

(3) 学生搞不清“毛泽东思想”和“毛泽东个人的思想”的区别，更不了解“毛泽东思想”的科学内涵，廓清历史概念有助消除学生的疑虑。

(4) “90后”的学生对毛泽东的感情渐淡渐远，情感教育更为迫切。

基于这样的认识，我把《毛泽东思想》这节课的“情景、情感”作为教学设计的主线索，凸显“情感态度和价值观”，渗透学科能力，培养学生科学的历史思维。①

下面的案例更详细地展示了教师利用访谈法进行课前学情分析的过程。② 这位生物教师通过访谈不仅明晰了学生的知识基础、能力水平、兴趣指向，也为制定合理的教学目标、采取适切的教学方法、设计和优化教学流程提供了基础。

本次对学情的了解，主要采用访谈法。访谈对象以学习成绩为依据，有较好的代表性，访谈前要求学生对本节课的教学内容进行了预习。访谈的几个问题及探明的学情如下：

问题1：特异性免疫的基本过程是什么？

学生的代表性回答主要有：特异性免疫的过程就是消灭病原体，经历了细胞免疫和体液免疫阶段；特异性免疫的过程就是识别病原体，并消灭它们；特异性免疫的过程是先产生淋巴细胞，通过先进行细胞免疫后进行体液免疫消灭病原体……

分析：学生认为特异性免疫过程就是消灭病原体的过程。从广义上说，这也不错，但学生无法说出特异性免疫的基本过程是先识别后清除，这说明学生不清楚特异性免疫的机制。认为细胞免疫与体液免疫是特异性免疫的两个阶段，这更是错误的认识，或者说，是对特异性免疫的途径不清楚。

问题2：巨噬细胞、T细胞、B细胞识别病原体的物质是什么？免疫细胞的识别能消灭病原体吗？若病原体有数百万种，则巨噬细胞、T细胞、B细胞也有数百万种吗？

学生的代表性回答主要有：巨噬细胞、T细胞、B细胞都是用MHC来识

---

① 刘强：《基于学情分析和自主学习的教学设计》，载《中学历史教学参考》，2011年1—2期。

② 吴江林：《基于生物课程标准的教学设计》，载《当代教育科学》，2011年第2期。

别病原体的；巨噬细胞用 MHC 识别，T 细胞和 B 细胞有受体和抗体识别；识别能消灭病原体；识别不能消灭抗原；巨噬细胞、T 细胞、B 细胞可能有多种，也可能只有一种……

分析：学生不能区分 MHC 与 MHC 分子，对病原体与抗原的关系也不清楚。对巨噬细胞和淋巴细胞的识别机制不清楚，对识别与清除的关系不理解，对不同免疫细胞的识别特点不理解。

问题 3：细胞免疫涉及了哪些细胞和物质？这些细胞和物质有什么作用？说说细胞免疫的顺序？细胞免疫有什么作用？

学生的代表性回答主要有：（主要涉及的细胞）巨噬细胞、辅助性 T 细胞、毒性 T 细胞、效应毒性 T 细胞；（主要涉及的物质）MHC、多种蛋白质；（主要涉及了）MHC、受体、多种蛋白质；巨噬细胞能吞噬病原体，辅助性 T 细胞能产生多种蛋白质，毒性 T 细胞能与被感染的细胞结合；受体能与巨噬细胞结合，多种蛋白质刺激毒性 T 细胞；巨噬细胞吞噬病原体→巨噬细胞与 T 细胞接触→毒性 T 细胞分裂产生效应毒性 T 细胞→效应毒性 T 细胞与被病原体感染的细胞结合→消灭病原体；细胞免疫消灭病原体……

分析：学生对细胞免疫涉及的物质有了解，对细胞免疫的基本过程有大致了解。遗漏抗原- MHC 的产生及作用，说明对巨噬细胞在细胞免疫中的作用很不清楚；对辅助性 T 细胞的作用、效应细胞毒性 T 细胞的作用也不很清楚；对各种细胞的名称叙述不准的根本原因是不了解这些细胞的作用；对细胞免疫的作用对象和特点不清楚。

问题 4：体液免疫涉及了哪些细胞？哪些物质？体液免疫有什么作用？说说体液免疫的过程？体液免疫能消灭任何病原体吗？

学生的代表性回答主要有：（主要涉及的细胞）巨噬细胞、辅助性 T 细胞、B 细胞、效应 B 细胞、记忆 B 细胞；（主要涉及的物质）MHC、抗体、白细胞介素- 2；体液免疫能消灭病原体；巨噬细胞吞噬病原体→巨噬细胞与辅助性 T 细胞结合→白细胞介素- 2 作用于 B 细胞→B 细胞分裂产生效应 B 细胞和记忆 B 细胞→抗体消灭病原体；（体液免疫）能消灭任何病原体……

分析：学生对体液免疫的基本过程有大致了解，但对 B 细胞获得抗原信息的过程、致敏 B 淋巴细胞分裂分化的条件、效应 B 细胞的作用、抗体与抗原的特异性结合、巨噬细胞在体液免疫中的作用都不很清楚，对体液免疫的功能和特点不很清楚，不了解记忆细胞的作用。

问题5：特异性免疫的"特异"体现在哪些方面？特异性免疫与非特异性免疫的联系是什么？细胞免疫与体液免疫有什么关系？

学生的代表性回答主要有：特异性免疫的"特异"体现在它们能消灭特殊的病原体；特异性免疫能消灭抗原不能消灭的病原体；非特异性免疫和特异性免疫一起消灭侵入人体的病原体；先细胞免疫，再体液免疫；细胞免疫与体液免疫同时进行；细胞免疫和体液免疫都有巨噬细胞参与；细胞免疫与体液免疫都有辅助性T细胞参与……

分析：学生对这些问题只有大致的模糊的了解，这也符合学生的认知特征。从学生的回答看，他们不能说清楚特异性免疫的概念，对特异性免疫的过程和特点不清。对非特异性免疫与特异性免疫的关系、细胞免疫与体液免疫的关系不能作出比较正确的说明。关键是对识别与清除的机制不理解，更谈不上找出学习特异性免疫的线索。

问题6：你还希望老师能提供哪些学习帮助？

学生的代表性回答主要有：帮我们找一些有关免疫的学习资料，看不太懂课本；重点讲解细胞免疫与体液免疫的过程，最好有动画让我们看看；知识很多很乱，教我们整理方法；怎么记住细胞免疫与体液免疫的过程；概念很多，帮我们整理一下，能否做个概念图帮我们总结；很多细胞的名字和作用都记不住，有什么方法……

分析：学生还是有兴趣学习这节课的内容的。他们希望老师能提供一些学习资源，拓展课堂学习空间。多采用媒体等教学手段，让他们能身临其境地直观地学习。希望老师能为他们提供一些或大或小的学习线索，帮助他们形成知识结构。

与学生进行面对面的交谈是教师最常用、最有效的学情分析手段。这种方法不仅灵活、便于操作，不会给教师增加太多的工作负担，而且教师可以围绕自己需要了解的问题进行系统而深入的追问，及时了解学生的实际情况。

在使用访谈法中，教师需要注意的是，首先要制定访谈计划、预设访谈问题。访谈的内容不宜过多，要根据学习新知识学生必备的知识基础、生活经验，以及新知识的重点、难点设计访谈问题。

其次，教师要注意访谈对象的选择，在与学生进行集体访谈时，参与访谈的学生人数不能太多，但访谈对象要尽量关注不同层次的学生，以点带面，保证访谈获取的信息能够真实反映各种层次学生的需要，能够代表班级整体的真实情况。

第三，教师谈话时态度要亲切、诚恳、和蔼，要针对不同学生的性格特点，选择合适的说法方式，营造出良好的、轻松的氛围，避免给学生心理造成不必要的压力，让学生自由表达自己的观点。

第四，教师在访谈中要注意问题的循序渐进，不时变换交谈角度，初期进行全方位的开放式访谈，然后逐渐聚焦，进行选择性访谈。

2. *问卷法*

问卷法是指教师通过设计统一的问卷来调查班级学生以便获取所需信息的一种调查方法。这种方法的优点是全班学生都可以参与，调查的结果比较全面和准确，能够使教师全面了解班级学生对教学内容已有的准备状况，便于教师找准学生学习的真实起点。

在进行问卷调查时，教师可以针对要学习的教学知识点进行题目的设计，这与访谈法是一样的。现在中小学很多课程的教学内容都是按照某种专题来进行组织的。①因此，教师可以以单元分析的方式对学生的认知准备进行检测和分析，如小学语文学科的单元学情分析占据教师学情分析将近40%的比例。问卷中的题目，在形式上可以是开放式的，也可以是封闭式、图表式，或者是这几种形式的综合。在内容上，问卷中的题目应该包含三方面：一是围绕学生已有知识与新知识之间内在联系进行题目设计，了解学生是否具备了学习新知识的基础；二是围绕学生与新知识中的重点、难点进行题目设计，了解学生掌握新知识是否吃力；三是围绕学生对新知识是否感兴趣进行题目设计，了解学生是否有学习兴趣。通过这三方面的问题，教师就可以了解学生新旧知识之间的关联度，寻找突出重点和难点的教学策略，并创设情境激发学生的学习兴趣。

问卷调查虽然有不少优点，但它需要教师做很多额外的准备工作，如问卷的设计、调查、统计和分析，操作过程比较繁琐，需要教师和学生付出更多的精力，因此教师需要“联合作战”。同一年级组或同一学科的教师可以分工合作，集体攻关，不仅可以减轻个人的任务，还可以遇到问题相互讨论，提高问卷调查的质量。

---

① 唐亚娟：《小学语文教学设计中的学情分析研究》，天津师范大学2012年硕士论文。

问卷调查问题的设计要科学，要能够真实地反映出学生的实际情况。一位小学数学教师围绕“小数的初步认识”设计的问卷调查表中有如下部分题目：

① 3.26 元 = ________元________角________分

② 5.27 元 = ________元________角________分

③ 5 元 6 角 7 分 = ________元

④ 40 元 5 角 9 分________元

上述问卷的题目正确率达到 92.1%，因此该教师认为这些学生的学习起点很高，但实际情况是，大部分学生的思考过程是：前两题左边有三个数字，右边有三个空格，正好一个数字对着一个空格，后两题正好相反，在表示“元”的数字后加一个点即可。可见，并不是学生真正理解、掌握了相关知识，只是发现了填空的规律。[①] 而通过这份问卷获得的学情并不是真实的，如果以此作为课堂教学设计的依据和基础，课堂教学就会脱离学生的实际。

3. **师生共同备课法**

在新课程背景下，师生备课过程就是师生学习、成长的过程，不能狭隘地认为备课是教师的工作，上课才是学生学习的过程。师生共同备课打破了传统的教师在备课中的“一家之言”，使得学生对备课也有“发言权”，是教师摸清学生认知水平与经验层次、了解学情的有效途径。教师可以选取不同层次的学生就即将要学习的教学内容进行交流，大致了解学生的需求状态和问题指向。指导教师的学情分析和教学设计，也可以设计类似“你建议我备课”反馈表，让学生将建议填写在表格上。这种方法与访谈法和问卷法的不同在于交流的问题上，师生共同备课法交流的问题主要是：对教学内容中的某些部分，你们能不能独立学习？会有什么困难？如果你是教师，会怎样来清楚地与同学们交流学习的方法？可以设计怎样的练习进行巩固？

师生共同备课不仅可以了解学生的认知准备状况，而且有的时候这种备课既省事又省时。例如，一位老师在教学语文课文《桃花心木》前开展师生共同备课，要求学生围绕“你是学生喜欢怎样学？如果你是老师你认为应该怎样教？”展开讨论。同学们稍作准备，便针对《桃花心木》一课侃侃而谈起来。比如有同学说：“老师，我们只希望更多地剖析一下作者的写作方法。”有同学说：“这篇课文只要紧紧抓住作者在文中的一连串疑问就可以指导学生学习贯穿全文。”还有同学说：“其实文章是借物喻人，已经很

---

① 张晓霞：《探明学习起点时应注意的几个问题》，载《小学时代》，2011 年第 9 期。

明确，为什么还在结尾处将道理直白地讲述出来呢？如果我是作者，我就不写出来，而让读者自己去体会。”等等这些，都抓住了文章的关键所在。这些见解独到，不仅令教师感到汗颜和敬佩，也使得教师意识到自己平时备课时凭主观设想的难题在学生眼中老套简单之极，而学生们挖掘的问题重点恰恰又被教师所忽略。

当然，对于师生共同备课要随着学生认知能力的发展而变化。比如，小学低年级学生年龄小，认知能力较低，知识储备较少，备课要以教师为主。到了小学中高年级以后，随着学生认知能力、知识储备的发展，以及合作学习能力的提高，教师就可以开展和学生共同备课。

4. 课前预习卡

在进行新内容的学习前，让学生对新知识进行预习，并记录预习状况，这种方法可以让教师知道哪些内容是学生已经理解的、哪些内容是学生不太容易理解的、哪些内容是学生感兴趣的，有助于教师了解学生学习的起点能力，了解学生知识的最近发展区，提高教学设计的针对性。下面是一位教师设计的数学课前预习卡，适合于教师在新授课和复习课前来检测学生的知识准备状况。①

表 3－1　数学自主预习卡

<table>
<tr><td>日期</td><td>________月________日</td><td>姓　名</td><td></td></tr>
<tr><td rowspan="3">自学任务</td><td>学习内容</td><td colspan="2"></td></tr>
<tr><td>学习目标</td><td colspan="2"></td></tr>
<tr><td>学法指导</td><td colspan="2"></td></tr>
<tr><td rowspan="2">自学反思</td><td>知识梳理</td><td colspan="2"></td></tr>
<tr><td>疑难点记录</td><td colspan="2"></td></tr>
<tr><td colspan="2">过关检测题</td><td colspan="2">疑难点记录</td></tr>
<tr><td colspan="2"></td><td colspan="2"></td></tr>
<tr><td>家长评价</td><td colspan="3"></td></tr>
</table>

上述预习卡包括自学任务、自学反思、过关检测题和家长评价四部分。自学任务包括学习内容、学习目标和学法指导三方面内容，由教师填写完成。学习内容即给学生指明学习的页数和课题。学习目标可帮助学生明确学习的主要任务。学法指导也

① 孙爱丽：《浅谈数学“自主预习卡”的设计与使用》，载《数学教学通讯》，2009 年第 7 期。

就是方法指导、思路提示，对需要的习惯、需要收集的资料等进行强调。其中，也可设置一定的相关旧知识，为学习新知识做好准备。

自学反思包括知识梳理和疑难点记录两方面内容，由学生自学完成。学生按照自学任务中的要求，认真阅读教材后，梳理出重要的知识点或解题步骤，总结出概念性问题（是什么）、原理性问题（为什么）和训练性问题（怎么办）。

疑难点记录是学生对自己存在疑问的地方进行标识和记录，它将成为学生课上学习的重点。过关检测题由教师出题，学生完成。检测以基本题组为主，考查学生对定义的理解和典型例题的掌握。提高题组为学优生提供，具有一定的挑战性，激发学优生的钻研兴趣。检测的右侧对应着疑难点记录，要求学生在检测中将有疑问的地方做好标记，带着问题走进课堂。

家长评价由家长完成，请家长督促学生完成自学任务，对学生的学习过程给予恰当的评价，这样可以充分利用家长资源，协助教师做好学生学习习惯的培养工作。

在设计预习卡时，教师要考虑到不同课型、不同学生的需要。新授课的预习卡侧重已有知识复习和知识点的梳理，侧重学生已有知识的了解；练习课侧重学生相关知识、公理、定理的准备；复习课侧重于学生知识框架的构建；活动课侧重工具准备和理论铺垫。课前预习单卡的设计既要制订统一的要求，如同一个班级、同一个学习内容等，也要考虑学生的不同情况，根据不同需要，灵活处理。通过课前预习卡既能检测学生的学情，也能激发学生学习的积极性，让稍差一些的学生夯实基础，找回信心，让中等生掌握方法，有所提高，让优秀学生培养思维，有所突破，挖掘各类学生的潜能，使每个学生都有收获。

此外，课前预习卡不仅是检测学情的工具，它的设计也需要依据学情而变化。随着年级的升高，学生之间的差异也日益明显，课前预习卡的设计要体现出阶梯性、层次性。不同年级的学生身心发展处于不同的阶段，认知方法和过程不一样，对他们的学习要求也不尽相同，因此不同年级预习单设计的流程、任务、具体内容都是不同的。

5. 学生提问法

学生提问法是指学生在提前预习的基础上针对教学内容提出自己的疑问，教师再对学生反馈的问题进行分类分析，来了解学生对教学内容的理解程度，并进行教学设计和课堂教学。如一位教师在准备执教《边城》前，布置学生读完课文后，就不懂的地方提出疑问并写几句读后感。29 位学生进行了反馈，教师对学生的疑问及读后感展开分析。学生提出的主要问题罗列如下：(1)课本中倒数第 4 段在文中有什么作用？

(2)为何作者为这样一个纯朴的故事安排了一个悲剧的结局？(3)翠翠因为什么哭了两次？(4)傩送是否回来了，回来了，他们会在一起吗？没有的话，翠翠又会怎么办？(5)为什么沈从文把《边城》写成一个恋爱悲剧而不把它写成一个恋爱喜剧？(6)为什么大哥为了成全弟弟要离开，就不能用其他方法吗？(7)为什么不以喜剧为结尾，而要给读者留下想象的空间呢？(8)结尾"这个人也许永远不回来了，也许'明天'回来！"有什么深意？(9)小说重在写翠翠的感情，为什么要花这么多笔墨介绍茶峒、过渡船、小城里的人情世故？(10)"边城"的含义是什么？……

通过对这些问题进行分析，教师发现对人物的理解的疑问有 14 个，其中对翠翠心理活动的疑问有 8 个，对老船夫、傩送等人的疑问有 6 个；对环境描写的疑问有 6 个；围绕作者的构思、小说结构、情节发展的问题有 8 个；对结尾最后一句话的理解有 3 个；对小说标题与主旨的疑问有 3 个；对标点符号用法的疑问有 1 个。针对学生的问题所在，结合课文选文的内容，教师把第一节课的教学重点放在对翠翠心理活动的分析上，其次是对环境描写的分析。学生围绕作者的构思、小说结构、情节发展的问题也达 8 个之多，因为这些问题涉及对整篇小说的理解，教师打算放在第二课时，结合对课文主旨的理解一并加以探讨。①

除了上述方法外，还有其他方法也可有效分析学生的认知状况。这些方法各有利弊，教师需要根据学科特点和班级学生的实际情况，考虑方法操作的简便性，合理选择和使用适当的方法，使对学生认知准备的分析更加准确，更加深入地了解学生的学习起点。

通过上述方法进行前测，教师就可以将班级里的学生合理地分为三大类：对一些学生而言，由于缺乏必要的前提性知识，他们对要学习的新内容感到很困难，学习起来很吃力；对另一些学生来说，他们的知识准备与新内容正合适，学习起来正合适；还有一些学生因为自学或家教等原因，提前掌握了将要学习的新内容，对他们来说就没有什么难度。针对这三种不同类型的学生，教师需要根据学情采取有差异性的教学策略。对于第一种学生，教师应该采取补救性的教学，第二类学生是课堂中的主体，绝大多数的教师都是针对这些学生的情况进行教学设计的，因此课堂教学对他们来说具有针对性；第三种学生需要教师采取拓展性教学。也就是说，尽管学生的层次存在差异，教师需要为所有的学生提供有效教学，而教师与此同时，需要遵循两个基本准则：一是教学设计

① 梁茜：《通过问题归类推测学习起点——〈边城(节选)〉教学设计心得》，载《中学语文》，2012 年第 4 期。

要从学生现有的认识与理解出发；二是教学设计要对学生具有“适度的新颖性”。[①]

第二节　学生的情感准备分析

学生成功学习一门学科与他的情感特征有较高的相关性，具有较高学习动机、对学习有兴趣、能积极主动学习的学生，会比没有兴趣、不愿学习的学生学得更快更好。学生的情感之所以会对学习产生重大影响，原因在于学生对某一学习任务的情感准备，决定着学生为完成该任务准备付出的努力的程度，同时还部分决定了学生在遇到困难和挫折的时候试图克服的程度。可见，学生的情感特征与认知准备一样，都是学习的重要前提条件。学生的情感准备可以分为两类：一类是学生在学习某一任务前的情感准备状态，决定了学生学习这一任务的态度；另一类是学生在学习某一任务后的情感准备状态，影响着学生学习后继任务的态度。本文关注的是前一种学习情感。

布鲁姆认为，所谓情感特征是指“学生学习新的学习任务的动机”。学习情感中的许多因素如情绪、态度、兴趣、意志等，都是由是否具备学习动机引起的。学习动机是指由学习需要引起的，激发、推动学生进行学习活动，并达到一定学习目标的心理倾向。加德纳指出，学习动机＝学习的努力程度＋实现学习目标的愿望＋学习态度。著名教学设计专家斯皮策（D. R. Spitzer）也强调，我们不能仅仅把学习看作是认知性活动，实际上“学习愿望”绝对是学习的基本组织部分。研究也发现，仅侧重于认知机能的教学，虽能提高学习成绩，但未必能够产生持续的学习动机。而学习动机是学习过程的核心，是引发和维持学习活动的动因和力量，它与学业成绩之间的正相关关系已经被许多研究证实。不同的动机状态会产生不同的情绪状态，如果追求成功的动机大于避免失败的动机，学生的情绪状态就会是渴望和热情；如果避免失败的动机大于追求成功的动机，学生的情绪状态就是焦虑和担忧。

心理学史上，许多研究者都对动机进行过研究，这使得关于学习动机的研究在教

① 参见夏正江著：《一个模子适合所有的学生》，华东师范大学出版社 2008 年版，第 88—91 页。

育心理学中已从边沿走向中心地位。最早对学习动机进行研究的是行为主义学派，它们认为学生的学习主要取决于外在的报偿，学习是由外部刺激引发的，是外在刺激的结果，儿童学习主要是为了获得某种外在的奖赏（如赞赏、奖励、成绩等）。这种观点忽视了个体的认知、情感、意志等主观因素的调节作用，抹杀了人的主观能动性。随着认知心理学的兴起，人们对于学习过程的认识更加深入，学习活动被认为是一个能动的内隐的过程，学生的学习主要取决于个体内部好奇心的满足或个体在学习过程中所获得的成功体验。归纳起来，动机理论的发展可以划分为五个阶段，依次是动机的本能论、动机的行为论、动机的人本论、动机的观察学习理论和动机的认知论。其中每个阶段都有多个研究者提出自己的理论，如班杜拉的自我效能理论、韦纳（B. Weiner）的自我归因理论、弗鲁姆（V. H. Vroom）的期望—价值理论、阿特金森（J. W. Atkinson）的成就动机理论等。各项理论的内容都是不同的研究者对动机产生原因的不同解释。学生的学习是一个很复杂的过程，它不仅受学生内部因素的影响，也受周围环境因素的影响，因此很难像行为主义者或认知学派那样用外部动机或内部动机单一因素对学生的学习进行分析，而且外部动机和内部动机也相互影响。从心理学的现状来看，关于动机的研究更加注重多种因素的动态整合，注重人、环境、行为的三元交互影响，既考虑到了人自身的主观因素，如结果期待、效能感、自我调节等对行为的能动作用，又考虑到了环境因素对行为和人的主体因素的影响。

对学习动机的分析，是教学设计不可或缺的任务。哈佛大学威廉·詹姆斯（W. James）教授发现，在没有动机激发的情形下，人通常只发挥 20%—30%的能力，而如果给予充分的激发，其能力可以发挥出 80%—90%。新课程提出知识与技能，过程和方法，情感、态度和价值观的三维目标，把激发学生学习动机作为课程改革的目标之一，更加突出了教师对学习动机分析的必要性。学习动机在一定程度上受学生心理特点和年龄阶段的制约。处于儿童期的小学生，其思维形式以具体的形象思维为主，内部学习动机还处于发展的初级阶段，外在的学习动机在复杂的学习动机中居主导地位。国内的一些调查显示，随着年级的升高，小学生逐步表现出更多的内部动机的倾向，以及长远社会意义的自我实现动机。进入中学以后，学生的内部动机并没有发展成为主动的学习动机。随年级的升高，中学生外部的学习动机强度呈上升的趋势，持外部学习动机的中学生为数甚多；内部动机呈减弱的趋势，具有内部学习动机者并不多。其中，初一年级学习的内部动机水平最高，高一年级最低，其主要原因在于学生的学习内容难度加深，学业负担日益加重。如有调查显示，初中生英语学习动机高于高中生,我国高中英语教学中不少学生英语学习动机不足。[1] 由此可见,尽管内部动机对于学习有着十分重要的作用,随着学生年级的升高,内部动机的比重逐步加大,但是外部动机在学生的学习中仍然占有重要地位。

学习动机受到环境的影响,这里的环境指班级或课堂氛围。近几十年来,国内外有关班级或课堂环境的研究主要有两类,即以具体的学科课堂教学氛围为对象的研究,和以班级的一般社会心理氛围为对象的研究。这些研究都证明,学习环境与学生的认知和情感的发展有着密切的联系,这种相关性在年龄较大的儿童中表现得更为明显。这些研究对创设支持性的课堂教学环境,激发学生的学习动机是非常有启发的。

此外,学习成绩对于学习动机也有着影响。与学习优秀生相比,学习中等生的元认知水平明显落后,其学习动机水平则与学优生基本相当,未表现出显著偏低的态势。而学习困难生在元认知与学习动机这两个因素上都显著低于学习优秀生。与学习中等生相比,学习困难学生有着与中等生较为一致的元认知水平,但学困生的学习动机水平显著偏低。[2] 这给我们的启示是,对学困生的干预补救应以激发和培养学习动机为重点,而对中等生的促进则应以提高元认知水平为关键。尽管有关学习动机的调查研究成果有很多,但是研究发现,动机并不具有跨文化的普遍性,而且"在全部条件下的分析可能掩盖了由于条件不同而产生的因素结构方面的有些有趣而重要的差别"。[3] 因此,不同的研究者关于学生学习动机的调查结果总有出入,这些研究成果只能作为教师的参考,不能完全取代教师对学生学习动机的了解。

分析学生的动机状况有助于明确动机激发的重点,关于学生的动机状况既可以通过问卷的形式进行调查,也可以采取访谈的形式进行。根据学生动机状况的特点,教师可以确定动机激发的重点,并决定采取哪些方面的动机策略。为了操作方便,对学生动机状况的调查应与学生知识准备的前测结合起来开展。虽然大部分教师都很清楚激发学生的学习动机对于教学的重要性,但是他们激发学习动机的方式多停留在经验层面,缺乏系统的、理想化的指导。国外关于学习动机的设计模型有很多,它们都在不同程度上影响着教学者的教学设计。在这里,简要介绍几个影响较大的模式,以供

---

① 张正东等主编:《英语教学的现状与发展:全国高中英语教学调查研究结题报告》,人民教育出版社 2001 年版,第 351—353 页。

② 左志宏等:《三种学业成绩水平学生元认知、学习动机的比较》,载《中国特殊教育》,2005 年第 5 期。

③ 转引自夏凌翔等:《高中生学习动机的因素结构分析》,载《青年研究》,2000 年第 9 期。

教师参考。

1. TC动机设计模型

TC(The Time Continuum Model,时间统一体)动机设计模型由沃特科沃斯基(R. J. Wlodkowski)提出。这种模式认为,动机是一种不稳定的潜在因素,学生的意志、毅力、价值观、持续动机在教学的不同阶段都可能得到增强或削弱,如果不知道学生的学习动机何时强何时弱,教师就很难正确激发学习动机来提高教学效率,因此依据时间的连续性来激发动机就显得十分必要。根据教学进程,TC模式将课堂教学分为初始、展开和结束三个阶段,并认为态度、需求、刺激、情感、能力和强化等六个因素对学生的学习有着最重要的影响,教学设计要与学生不同阶段的动机相适应,更大限度地激发学习兴趣,提高学习效率。

在教学的开始阶段,态度和需要是影响学生学习动机的两个最主要因素。态度是人们在自身道德观和价值观基础上对事物的评价和行为倾向,主要表现为对外界事物的内在感受、情感和意向。学习需要是学生向某一学习目标奋进的内在动力,包括自尊、求知、自我实现、兴趣、自主、认可、归属等需求。在学习活动伊始,教师的首要任务是将学习任务与学生已有的经验、相关的熟悉材料建立联系,帮助学生一开始就能够轻松进入学习状态。这就要求教师了解和尊重学生的兴趣,使教学任务的设计与学生的兴趣和需要保持一致,激发学生主动学习的态度,为学习活动的顺利展开奠定良好基础。

在学习展开的阶段,刺激和情感是影响学生学习动机的两个最重要因素。刺激有知觉刺激和认知刺激两类,即运用多种手段改变学生对环境和学习的感觉,吸引学生的注意,使学习富有趣味以维持学习行为,同时在这一过程中产生积极的情感体验。在学习的过程中,积极的情感和情绪体验使学习变得有意义,激发学生对学习内容的持续兴趣并积极参与学习活动,这就要求教师在教学设计时要准备不同形式的教学材料,刺激学生的视觉和听觉,并综合运用多种学习策略,如合作学习、角色扮演、体验成功等,来激发学生的学习兴趣,满足学生的情感体验。

学习过程的后期阶段最应该考虑的因素是能力和强化。学习活动本身就是发展和考查学生学习能力的过程,在课堂教学行将结束时,学生能不能达到应有的学习能力,关系到学生继续学习的信心,而持续的反馈和有效的强化措施是增强学生学习信心的主要方法。依据TC动机设计模型理论,通过对所学知识的反复运用,可以在真实的案例中加以分析,也可以采用角色分配或小组分工协作的形式来强调新知识的学习，从而达到强化的目的。[1]

TC模型提供了一个设计动机策略的框架和要素，当然上述六个要素虽然分布在课堂教学的不同阶段，但它们之间并不是相互分离的，而是相互联系的，只是在课堂教学不同阶段侧重点不同而已。如在学习过程结束时，需要借助能力和强化因素与先前的四种动机因素共同发生作用，并进一步引发新的态度和需要。

表3-2 TC模型与激发学习动机的方法

阶段	要点	方法
第一阶段	态度：针对学习过程，需要做什么工作才能形成学生积极的学习态度？	通过访谈、问卷调查来深入了解学生，把握学生的兴趣和需求，从学生的角度进行主题设计。
	需要：在整个学习过程中如何满足学生的需求？	
第二阶段	刺激：在学习过程中是什么对学生产生激励因素？	利用挂图、视觉资料、模型等教学资料；结合多媒体开展教学；采取合作学习、探究学习等多元学习方式。
	情感：怎样在学习过程中形成学生积极有效的经验并给学生营造情感氛围和环境？	与学生进行目光接触，或通过身体语言、面部表情、言语交谈等，注重情感交流的激励功能，通过与学生的频繁接触，营造出良好的情感氛围。
第三阶段	能力：在学习过程中采取什么样的策略来增强或确认学生对自身能力的自信？	关注学生的学习活动，指导学生的学习方法，提供丰富的学习资源。
	强化：在学习过程中和在学习过程结束时你能够提出和确立什么样的强化措施？	通过对所学知识的反复运用，提高学生对知识的掌握；肯定学生的学习成就，增强学习自信心。

2. TARGET动机设计模型

TARGET动机设计模型是卡罗尔·艾米斯(C. Ames)在成就目标理论和大量的实验研究成果基础上提出的，这一模型认为有六种因素影响着学生在课堂教学中的成就目标。这里的T表示任务设计(task design)，A表示权力分配(authority distribution)，R表示认可方式(recognition practices)，G表示小组安排(grouping

① 参见罗双兰等：《关于如何激发学习动机的相关研究述评》，载《广西师范大学学报》，2004年第4期；杨光等：《TC动机设计模型在学习活动设计中的应用研究》，载《鞍山师范学院学报》，2012年第5期。

arrangements)，E 表示评估活动（evaluation practices），T 表示时间分配（time allocation），合称 TARGET。这六种因素的含义分别为：

任务设计，包括学习活动、习作和家庭作业的设计。任务设计目的是提高学生参与学习活动的兴趣、参与程度与质量。活动任务的设计应当遵循多样性、新颖性和参与性的原则，并能够满足学生的好奇心、挑战性。

权力分配，即学生在学习中参与的自主性和程度。TARGET 模式认为，如果教师在学习过程中给予学生较多自主选择和参与决策的机会，会使学生产生自我决定感，增强学习的内在动机。

认可方式，指教师如何运用鼓励、诱因及赞扬引导学生的行为。认可虽然是对个体的一种积极评价，但由于认可的内容、原因和形式的不同，可能会对学生的自我价值感和成就目标产生不同的影响。TARGET 模式主张教师对学生的表扬要基于学生个人的进步与提高，并尽可能在私下里进行，这样学生的自豪感和满足感就并非源于战胜别人，而是出于自我比较的结果，能使学生更多地关注自身能力的提高，关注对学习任务的掌握。

小组安排，即以合作学习的方式推进课堂教学。课堂教学可以通过学生之间的竞争、学生之间的相互合作，以及学生个体学习来进行。在这三种学习方式中，由于在合作学习中评价是基于整个小组的表现，个体间的能力差异被淡化了，这样小组失败时不会导致成员对自身能力的低估，一旦小组成功个体的自我评价和他人评价还会提高。此外，由于小组学习允许学生自己控制学习进程，学生的胜任感和自我效能感也会在这一过程中得到增强。

评价活动，包括评价的标准、方式、程度、频率、内容等，对学习动机影响最显著。不同的评价形式可以创造出不同的课堂氛围，使学生形成不同的学习动机。TARGET 模式强调评价要基于学生个人的努力和进步情况，并让学生有改正错误、提高评价等级的机会，从而将学生的注意力集中在完成任务、掌握知识上。

时间分配，TARGET 模式主张教师根据学生能力、学习速度和动机水平的差异，采取不同的任务分派方案，允许学生按照自己的实际情况制定学习进度表，提高学生的自我决定感和学习积极性。①

后来，教育心理学家沃尔福克（A. Wollfork）给该模型再加了一个“T”，指教师期望（teacher expectations）。

---

① 参见李燕平等：《激发课堂学习动机的教学模式》，载《首都师范大学学报》（社会科学版），2000 年第 5 期。

表 3-3　TARGETT 模型与激发学习动机的策略

影响因素	重点目标	教学策略
任务设计	学习任务如何结构化，提高学习任务的内在吸引力，使学习有意义	关注学习活动有意义的方面；设计新颖、多样、变化的，符合学生兴趣的学习任务；设计具有合理挑战性的任务；帮助学生建立短期的、自我参照的学习目标；支持学生发展和使用有效的学习策略。
权力分配	学生在学习或学校决策中的参与。为学生提供做出选择或承担责任的适当自由。	着重帮助学生参与决策；提供基于努力而非能力评价的真正的选择机会；为学生提供发展责任心和独立性的机会；支持学生发展、使用自我管理、自我监控技能。
认可方式	为全体学生提供学习被认可的机会，在达到目标中认可进步。	促进自我奖励；注重学生个人的提高、进步和掌握；使评价隐私化，不公开评价。
小组安排	创建认可并欣赏全体学生的环境，促进学生社会技能发展。	提供和同伴相互合作学习的机会；采用异质的、多样化的小组划分方法；鼓励多种群体关系，增加同伴相互作用范围。
评价活动	评价与评估过程性质与运用，等第评定与报告过程与标准测验运用。	肯定学生的努力；给予学生改进提高的机会；鼓励学生将错误看成学习的一部分。
时间分配	允许学生支配时间以适应学习任务和他们的需要，为学生提供延长学习时间的机会。	调整学习不良者的学习任务或时间要求；允许学生自己计划学习进度，逐步提高。
教师期望	对学生能力的信念与期望。	对全体学生抱适当但较高的期望；给全体学生提供改进自己作业的机会监控学生。

3. ARCS 动机设计模式

这种模式由美国约翰·M·凯勒(J. M. Keller)教授提出，强调教师在进行教学设计的同时，还要进行必要的动机设计，即针对学生群体的动机状况和教学内容的特点设计相应的动机策略。在 ARCS 动机设计模式中，凯勒将动机理论、动机策略与教学设计理论相结合，整合了许多动机研究的成果，在此基础上提出了动机激励的四要素，并阐述了动机设计的流程。

ARCS动机设计模式总结了影响学生课堂学习动机的四个基本元素：引起注意(attention)——教学要引起并维持学生的好奇和注意；切身相关(relevance)——将教学与学生的重要需要和动机相结合，使学生产生积极的学习态度；建立信心(confidence)——教学要发展学生对成功的自信，使学生对学习效果产生积极的期望；感到满足(satisfaction)——教学要能使学生从学习中获得满足。简而言之，ARCS认为，为激发学生学习的动机，首先要引起学生对学习任务的注意和兴趣，并使他理解完成学习任务与他密切相关，接着要使他觉得自己有能力做好此事，从而产生信心，最后让他体验完成学习或工作任务后的成就感，感到满意。在这一模式中，学生的学习动机不再只是教学导入要重视的要素，而是贯穿于整个教学过程的策略。

ARCS模式的实施步骤分为四步。第一步是分析学生的动机问题。分析学习者的动机状况实际存在的问题，分析产生动机问题的根本原因，分析哪些影响动机的因素是可以改变的。

第二步是设计动机策略。将所有可能激发学生动机的方法全部罗列出来，包括教学开始、教学中间以及教学结束时采用的方法，也包括贯穿整个教学过程的方法。因此，教学的设计与实施要系统考虑，忽视任何一个要素，都可能导致教学实施的无效或失败。

第三步是执行策略。根据实际情况和条件，对所列出的激发动机的方法在使用过程中的代价、学习者的接受程度和可行性等方面进行综合比较，选择其中最合适的方法。各种方法整合到教学过程各环节，与教学要点有机结合，并进行必要的修改和调整，形成具体实施方案。

第四步是评价策略。获得学习者的反应，以确定他们的满意程度与动机激发的效果，根据评价信息找出薄弱环节，以修改或调整之。

表3-4　ARCS模型分类与激发学习动机的方法①

注　意	激发学习动机的方法
(1) 知觉激活：如何使学生产生学习兴趣？ (2) 探究激活：如何激起学生探究的态度？ (3) 多变性：如何维持学生的注意？	(1) 使用新奇手段，采用个人化或情绪化的材料。 (2) 提问，提出反论，激发探究心。 (3) 使用多种讲演风格，使用形象化实例和比拟，增加情趣。

① 张祖忻：《如何将动机原理整合于教学设计过程》，载《开放教育研究》，2003年第2期。

续 表

相 关	激发学习动机的方法
(1) 目标指向:如何满足学生的需要? (2) 动机匹配:如何、何时为学生提供合适的选择、责任和影响? (3) 熟悉性:如何将教学与学生的经验相结合?	(1) 与学习者共同制定目标,说明学习效用。 (2) 使用真实的练习,使个人和小组的活动与风格相符。 (3) 使用具体实例和比拟,使材料与学习者生活相联系。
信 心	**激发学习动机的方法**
(1) 成就期望:如何帮助学生建立对成功的积极期望? (2) 成功的机会:如何使学习者对自己的能力进一步产生信心? (3) 归因模式:如何使学习者认识成功是自己能力和努力的结果?	(1) 向学习者阐释学习要求、合格标准和评价依据。 (2) 提供各种学习经验,增加学习成功率,给学习者决策机会。 (3) 帮助他们将成功归因于自己的能力和努力。
满 足	**激发学习动机的方法**
(1) 自然后果:如何为学生提供运用新知识和新技能的机会? (2) 积极后果:什么能为学生的成功提供强化? (3) 公正:如何帮助学生对其成绩产生积极的体验?	(1) 提供机会,使学习者在自然、真实的环境中运用新学到的知识与技能。 (2) 可使用表扬、正面反馈、象征性奖励等。 (3) 采用公平的考试和评分方法,考试内容具有真实性,与学习目标一致。

上述三种模式之间既有联系,也相互区别。每个模式都由多个要素构成,这些要素是一个整体,没有主次之分,而是使用不同学习过程和环境的弹性架构,缺少任何一个要素,都可能使学习者丧失学习动机。每个模式关注的侧重点并不完全相同,ARCS动机设计模型关注于学习动机策略的选择和策略的数量,TC动机设计模型关注于策略使用的次序并强调教学动态性、学生的态度和情感情绪对学习动机的影响,而TARGET模式则更加强调课堂氛围的营造。

根据上述三个动机设计模式,教师在教学设计对于学生学习动机的关注,一是要重视对学习任务、内容的分析。对于学生动机的分析需要结合具体的教学内容来进行,分析现有的教材并列出现有教材在激发动机方面所具备的优势和存在的缺陷。布鲁纳曾说,学习最好的刺激源是对学习材料的兴趣。当学生没有学习的动机时,究竟是学习内容难度太大导致学生学习动机不足,还是学习内容无趣导致学生动机不足,只有结合具体的教学内容才能正确地分析并确定教学过程中应该重点激发的动机因素。“增加教材本身的趣味性，使学生有新发现的感觉，把我们必须要说的东西转化成为儿童思想的形式等等”①，有利于提高学生学习的动机。对于学生不感兴趣的学习内容，或者尽量挖掘其内在的趣味性，或者变换情境、载体，以增添外加的趣味性。二是要将对学生动机的关注和激发贯穿教学全过程，包括课前的准备，课中教师与学生、学生与学生之间的互动以及课后的评价与反馈。三是要注重教学环境的设计，尽可能为学习者提供丰富的多种表征形式的学习资源，以支持学习者的自主学习和知识的意义建构。

相比其他两个模式，ARCS 动机设计模式“是将动机原理整合到教学设计过程的最系统的学说”②，“不仅是独特的，而且也是革命性的”③，其有效性在国外已经得到了许多教学实验的证实，近些年来国内不少研究者也将这一模式应用于多个学科，被证实增强了学生学习的动机和努力程度，提高了学生的学习成绩，改善了差生的学习状况。

有研究者通过实践研究，形成了 ARCS 动机设计模式如下本土化操作步骤：(1)收集课程简介、课程设置的原因、教学环境、教学传输系统（媒体）、教师等课程方面的信息；(2)收集学生现有的学习基础，他们对学校和所要学习的课程的态度和认识；(3)认真分析学生，描述学生的动机状况（实际存在怎样的动机问题），分析产生动机的根本原因，分析哪些影响动机的因素可以改变；(4)认真分析教材，列出现有教材在激发动机方面所具备的优势和存在的缺陷；(5)列出动机目标和评价标准，明确动机设计的目的，说明期望看到学生将产生或维持怎样的动机（如愿意参与、学习后有满意感等），并说明如何测评这些行为；(6)列出各种有利于激发动机的方法，开展广泛、深入的集体讨论，将教学全过程中所有可能用于激发动机的方法全部列出来；(7)根据实际情况和条件选择和设计激发动机的方法。对所列出的激发动机的方法从使用的代价、学生接受的程度和可行性等方面进行综合比较，选择其中最合适的方法，包括提高动机的方法、维持动机的方法和综合的方法；(8)将设计的激发动机的各种方法与教学活动相结合，整合到教学过程各个环节中去，与教学要点有机结合，并进行必要的修改和调整，形成具体实施方案；(9)选择与开发教材。使用现成的教材或根据设计要求改编现有

① [美]布鲁纳著，邵瑞珍译：《教育过程》，文化教育出版社 1981 年版，第 82 页。
② 张祖忻：《如何将动机原理整合于教学设计过程》，载《开放教育研究》，2003 年第 2 期。
③ 盛群力等著：《现代教学设计论》，浙江教育出版社 2000 年版，第 432 页。

教材或开发新教材；(10)评价学生的反应，确定学生的满意程度与动机激发的效果，根据评价信息找出薄弱环节，进行修改或调整。[①]

ARCS动机模型为教师提供了一个很好的参考框架来控制和维持动机，设计教学时要重视在每一个环节上都激发学生的动机。但ARCS动机模型终究只是一个启发，其实际效果在很大程度上依赖于教师本人对该模式的领悟、理解及创造性运用。以下案例展示的是一个地理教师运用ARCS动机模型进行教学设计的过程[②]，对于我们理解和运用ARCS动机模型有一定的借鉴意义。

(1)"注意"策略的设计

"注意"是学习者进行学习活动的前提条件。为了吸引学生的注意，在上课初可用的策略包括使用一些新奇的手段，如新技术、自制地理教具等；或是情境素材，如漫画、故事等。为了保持学生的注意，在课中要强调"变化"，包括教学风格、教学方法的改变及课堂组织模式的改变等，这种"变化"能使学生对课堂充满新鲜感，充满期待。

在"不同等级城市的服务功能"教学设计时，笔者选择交互式电子白板作为教学辅助资源，通过运用其多种功能，使得课堂教学更加灵活、生动。另外，笔者还提供丰富的贴近生活的感性材料来充实教材内容，图表材料包括重编的"京沪高铁线路图"、"常州市人口统计资料"及"长三角各城市区域示意图"等，文字材料包括"常州周边城市的区域发展定位"等，丰富学生的感观印象，调动学生的学习情绪。

(2)"相关性"策略的设计

建立相关性是使学习动机得以维持的保证。这里的相关性是指学习内容与学习者自身密切相关，如果学习内容在学习者看来没有相关性，即使动机被唤起，结果也会丢失。这就要求相关性的建立应立足于连接课程内容和学习者的学习目标、兴趣、风格等个性化特征。一个有效的方法就是使用一些与学生目前的兴趣、经历、生活环境相关联的案例和事件。

基于此，笔者在进行教学设计时弃用了教材提供的活动"枣强镇附近的

① 陈立春：《美国"ARCS学习动机设计模型"的本土化研究》，载《上海教育科研》，2009年第12期。
② 叶丽丽：《"ARCS动机模型"在中学地理教学设计中的应用》，载《中学地理教学参考》，2013年第1—2期。

居民如何寻求服务”,而根据本地实际及本校学生的特点(部分学生出国留学),设计了探究活动“留学前的准备”,即以学生熟悉的新闸镇、常州市、上海市作为服务地,以留学前要准备的物品作为寻求的服务。通过创设与学生将要经历的相关事件为情境,建立起与学习内容的相关性,吸引学生积极参与学习活动。

另外,为了使学生对教材的理解更加透彻,笔者还增加了学习资料“两组QQ对话”。QQ聊天虽是一种十分普遍的方式,但在课堂上出现QQ对话,对学生来说有一定的吸引力;同时,通过对QQ对话内容的解读,可以增加学生对本地的了解。通过设计与学生目前的经历、生活环境相关的案例,激发学习动机。

(3)“自信”策略的设计

首先,自信源于帮助学生建立适度的成功期望。对成功的期望值过高或过低,往往会使学生缺乏自信或过于自信,结果都会导致学习动机的丧失。怎样建立适度的成功期望?根据苏联心理学家维果茨基的“最近发展区”理论,关键是要找到最“近”在何处,着眼于学生的最近发展区,为学生提供带有一定难度的内容,调动学生的积极性,激发其学习潜能。其次,自信来自于学生对自身能力的认可。通过创设体验成功的条件和情境,给予学生决策的机会,使学生认识到自己具有某方面的能力而建立自信。再次,自信还来自于学生对于个人成功的归因。若学生将成功归因为碰运气或别人的努力,那么成功往往不能提高学生的自信心。

考虑到笔者所在学校学生的思维特征及教材内容的特点,在教学设计时,主要通过创设“情境串”的形式来综合呈现教材内容,激发学生的探究兴致,并由“情境串”引出“问题串”,启迪学生积极思维,维护学生自信。“情境串”的设计力求形式多样,如“京沪高铁线路图”(图像情境)、“QQ对话”、“留学前的准备”(生活情境)、“绘制城市服务范围”(问题情境)等等,使抽象内容形象化,吸引学生积极参与。“问题串”的设计,其一要注意梯度性,由易到难,由浅入深,由形象到抽象,符合学生的认知规律;其二要注意多样性,培养学生多方面的能力,如地理绘图能力、地理推理能力及地理应用能力。通过运用这种“情境深化,问题导学”的策略,使课堂更具有趣味性和挑战性,激发学生的参与欲望,从而树立学生的自信心。

(4)“满意”策略的设计

“满意”是指对自己成就的一种积极的情感体验，在一定程度上可强化学生的持续性动机。这种满意的维持可以通过对成功行为的外部奖励来达到，如教师的积极评价、同伴的认同、获得高分数或其他形式的认可；更为重要的是，让学习者获得心理上的满意，通过提供机会，让学习者运用掌握的新知识、新技能来成功地解决问题，从而获得内在的满足感。如前所述，本课创设了系列“情境串”，使学生更易于接受教材知识，将所学知识内化；设计了一系列有一定梯度和层次性的“问题串”，为学生提供了多种形式的运用所学知识和技能的机会，促进其心理上的满意。

第三节　学习准备分析需要注意的问题

前测是分析学生学习起点的重要手段，其方法是多元的，既有正式的也有非正式的，既有严格的也有非严格的，但都是围绕“K”、“W”、“L”进行的。“K”(know)指的是学生对相关主题已经知道哪些；“W”(want to know)指的是学生对相关主题还想知道什么；“L”(learn)指学生对相关主题已经学会了什么。其中“K”和“W”是前测。要使前测真实有效，真正起到让教师了解学生真实的学习起点，提高教学设计的实效，选择适当的教学策略的作用，需要注意以下几方面的问题。

首先，要正确认识学情前测的目的。课前开展学情测试，目的是了解学生是否具有学习新知识必要的基础与能力，找准教学的真实起点，为课堂教学的有效开展提供条件。因此，前测的重点不是测算教师即将要教的、学生即将学的新知识，而是了解学生理应掌握的并为学习新知识做准备的内容。

但是，许多教师并没有理解学情前测的目的，反而在开展学情前测时设计了许多关于新的学习内容的试题，将学情前测变成检测学生对新知识的掌握程度。这种做法并不可取，它无法有效检测学生是否具备学习新知识的基础和技能，背离了学情分析的初衷。同时，这种做法由于涉及太多学生尚未学习的新知识，学生进行检测时，容易焦虑紧张，不利于激发学习新知识的情感和兴趣。

一般而言，前测时教师大体要考虑以下几点：(1)了解学生学习新任务的先决条件或预备状态，这主要是指学生在认知、情感态度、心理动作等方面是否已做好了铺垫工作；(2)了解学生对目标状态是否有所涉猎，这主要是指学生学习新任务时，是有“中间路障”还是已经能够“长驱直入”了；(3)了解学生对新任务的情感态度，这主要涉及学生的学习愿望、毅力、动机、兴趣等；(4)了解学生对学习新任务的自我监控能力，这主要涉及学生的学习习惯、方法、策略及风格等。[①]

测试之后，教师需要对测试结果进行分析，并根据调查结果对教学起点进行调整。如果学生的测试成绩普遍很好，说明教学起点设置过低，相反如果学生的测试成绩不理想，普遍偏低，说明教学起点的设置偏高。

其次，要站在学生的角度进行题目设计。前测大多都是通过提出问题来对学生进行测试，如问卷法、访谈法、课前预习法等。因此如何设计问题，使学生能够真实反映出学情就显得十分重要。课前学情调查的问题不能仅仅从教师的角度来设计，更要紧密围绕三维目标，根据学生的认知能力和心理特点来设计，关注学生的情感体验、主观认识、独立思考，关注学生的“非智力因素”，激发学生的充分合作和积极参与，确保老师能从学情前测中真实地了解学生的情况。

我们来看下列案例[②]：《欲速则不达》是北师大版小学语文教材四年级下册第十一单元《快与慢》中的第三篇主体课文，这是一个典型的由于主观错误想快反慢的故事。在《欲速则不达》的集体备课会上，备课教师们在经历“深度阅读文本”、“课文教学价值的发掘与界定”、“教学目标的确定与规范表述”三个环节后，进入第四个环节——“基于教学目标的学情分析”。经过热烈地讨论后，设计出了一份学情调研工具(见表 3-5)：

表 3-5 《欲速则不达》学情调研工具Ⅰ及其设计意图

《欲速则不达》学情调研工具Ⅰ	设计意图
1. 读一读，把不认识的字圈出来：驿使　丞相　晏婴　驭马　催促　驹子　嫌弃　缰绳　索性　徒步　韩枢　心急如焚	给出的词语是老师们认为课文中难认难写的字词。想了解学生对这些词语的认识情况。

① 裴娣娜著：《现代教学论》，人民教育出版社 2005 年版，第 403—404 页。

② 李薇等：《小学语文学情调研工具设计——以〈速则不达〉为例》，载《中国教师》，2012 年第 17 期。

续　表

《欲速则不达》学情调研工具Ⅰ	设计意图
2. 你知道这些词的意思吗？ 驿使　骑子　危在旦夕　丞相　霍地 索性　驭马	给出的词语是老师们认为难理解的词语。想了解学生是否理解这些词语。
3. 初读课文后，你知道《欲速则不达》是什么意思吗？	想了解学生对课文题目的理解程度。
4. 课文讲了一件什么事？	想了解学生的概括能力。
5. 你知道齐景公和晏婴是什么关系吗？	想了解学生对文本背景的了解状况。
6. 读了课文，你还有哪些不懂的问题？	想了解学生预习后的困惑。

从表3－5可以看出，上述学情调研工具紧紧围绕教学目标进行设计，具有可操作性。但是其整体设计完全是从教学需要的角度出发，忽略了学生可能存在的真问题，具体来说存在以下几方面的问题：(1)提问视角单一。这份调研工具中，所有的提问都是从教师的角度出发的。比如，给出教师认为课文中难认、难写、难理解的字词，让学生被动选择。只关注"教"的提问视角，使得这份调研工具在语言的表述方面有些生硬、模式化，不符合学生是学习的主体，师生平等对话的新课程理念。(2)提问层次不清，问得不准。这会严重影响学情调研对教学的指导价值。比如"你知道这些词语的意思吗？"学生仅回答"知道"或"不知道"，这样的回答并不能使教师真正了解学生真实的学习状态，对教学的指导作用也不大。(3)提问内容随意。比如前两道题目中字词的选择是很随意的，如"缰绳"既不是会认字，也不是会写字，教师只是想当然地觉得这两个字笔画多，学生认写可能存在困难就作为调研内容。又如，"课文讲了一件什么事"若是要求学生以书面表达的形式概括课文的主要内容，作为学前调研的内容，似乎难度有些大。

经过反复研讨，教师们达成了共识：学情调研必须从学生的"学"出发，要能反映出学生的真问题；还必须依"标"(课标)靠"本"(课本)，契合学段目标的规定和教材的设计意图。有了这样的理念引领，教师们大刀阔斧地修改了学情调研工具Ⅰ，从"知识与能力"、"过程与方法"、"情感态度和价值观"三个维度出发，设计了学情调研工具Ⅱ(见表3－6)：

表 3－6 《欲速则不达》学情调研工具Ⅱ及其设计意图

《欲速则不达》学情调研工具Ⅱ	设计意图
一、我会读：会读的画"√"。 东海之滨　晏婴　骀子韩枢　心急如焚　危在旦夕 恐怕　徒步　驿使　霍地　遽起　谒　夺辔	"滨、婴、韩、枢、焚"为本课二类字（会认字）；"旦、恐、徒"为本课一类字；"驿、霍地、遽、谒、辔"是在生字条中没有出现的生僻字。考查学生对于这些词语读音的掌握。
二、我会说：结合上下文说说以下词语的意思。 驿使　危在旦夕　心急如焚　徒步　骀子　霍地	"说"降低了难度，而且题干还给出了学法提示。考查学生对重点词语的理解程度。
三、我会找：对照课文，试着找出与以下句子相对应的语句：1. 传骑从中来谒曰："婴疾甚且死，恐公后之。"2. 行数百步，以骀为不疾，夺辔代之。	考查教材的设计意图是否是学生学习的难点。
四、我知道：(1)我是否听说过这个故事；(2)我是否知道齐景公与晏婴的关系；(3)齐景公会很快赶回都城吗？为什么？(4)我还想知道________。	了解学生对于文本背景的理解。直点故事的结局，考查学生在自读课文时，能否正确理解课文表达的意思。了解学生学习的"真"需求。

经过多次修改后的学情调研工具Ⅱ完全站在学生的角度，肯定学生已掌握的知识，让学生在享受成功的心理体验中，以积极、自信的情感主动学习。这份调研工具能帮助老师们获得最真实的学情，真正有的放矢地引领并组织学生学习这篇课文。它具有如下特点：

(1) 立足三维目标，设计视角多元化。学情调研工具Ⅱ的题目设计涵盖了"知识与能力"、"过程与方法"、"情感态度和价值观"三个维度的学习目标。例如，题一、题二侧重于"知识与能力"维度，同时题二的题干表述给出了学法提示——"结合上下文"，关注了"过程与方法"维度。"我会读"、"我会说"、"我会找"、"我知道"的题干表述，充分体现了对学生能力的肯定和学习兴趣的关注，为"情感态度价值观"作了贴切的注脚。"我还想知道"留给学生充分的空间，鼓励学生自由表达自己的求知欲，体现了"爱护学生好奇心、求知欲"、"关注个体差异和不同的学习需求"的课标理念。

(2) 内容设计层次化，契合学段目标与教材意图。整体来看，学情调研工具Ⅱ是按照"字—词—句—篇"逐层进行设计的。这种逐层推进的设计还体现在"我知道"的细节上，即这道题目下的四道小题是按照“整体感知—背景了解—结局推断—提出未知”的顺序依次排布，符合“整体—部分—整体”的阅读教学规律。此外，学情调研工具Ⅱ的内容设计较为合宜，契合学段目标和教材意图。比如，前两题的字词测试中，有目的地安排了一类字和二类字。而且对字的考查都是放在词语或短语的环境中，符合学生整体认知的规律。

(3) 尊重学生、相信学生，语言表述有温度。“圈出不认识的字”到“我会读的画√”，虽然只是表述的不同，但是呈现的却是不同的学生观。学情调研工具Ⅱ中的题干表述，均以第一人称的“我”开始，从学生的角度出发设题、设问，极具亲和力。同时，从“不认识”到“我会读”，充分显示了对学生能力的肯定，体现了对孩子的尊重和呵护，答题的过程中，学生会更有成就感。由正襟危坐的测试性语言转变为饱含尊重与信任的鼓励性语言，反映的是教师理念的彻底转变。

第三，要重视学生相关学科知识的分析。由于现代社会多元化的传播媒介，以及不同学科之间的相互交叉，尽管有些知识在某一学科中是首次出现，但是对学生而言他们有可能已经知道大概，甚至已经有了详细的了解。然而，许多教师在教学中忽视了对学生相关学科知识的分析，降低了教学起点，影响了教学效果。我们来看以下教学片断[①]：

在学生观察了各种各样的磁体后，教师进行了下面的教学。

师：磁体有哪些性质呢？你们先来研究一下，磁体能吸引哪些物质？每个实验小组都有磁体以及铜丝、铝条、铁钉、1元硬币、塑料、木头、玻璃等器材，分组实验研究。在实验的基础上，请小组代表汇报。

生：磁体能吸引铁钉和1元硬币，其他的东西均不能被磁体吸引。(其他小组同学同意他们的观点)

师：那么，根据刚才的实验可知，磁体能吸引哪些物质？

生：磁体能吸引铁类物质。

师：对！不过1元硬币是由镍的合金制成，所以磁体还能吸引钴、镍等金属，我们把磁体能吸引铁、钴、镍等物质的性质叫做磁性。那么，磁体不同部位的磁性相同吗？你们用实验试试看。

① 魏林明：《把准教学起点演绎高效课堂》，载《教学月刊》(中学版)，2007年第11期。

还没实验就有学生回答了:“不一样,它的两端磁性强。”

师: 很好,你很聪明,看来你已经预习过了。老师还是请你用条形磁铁和细铁屑来试试看,看看被吸引的细铁屑的形状像什么?

生: 像某些同学的发型……

关于磁铁的知识,学生在小学四年级的科学课中就已经学习过。但是在上述案例中,教师并没有了解到这一点,因此对学生学习现实起点的认识明显存在问题。其实,这节课的教学起点要适当提高,着重引导学生解决“磁体除了能吸引铁,还能吸引钴、镍等物质”,以及“怎样用实验证明磁体的两端磁性最强”等问题,对于学生已经知道的磁体能吸引铁这一问题,不应该成为教学的重点。

学科知识之间的交叉在语文学科中同样很明显。语文学习的外延非常广泛,语文中的许多内容与品德、科学、综合实践活动等课程密切相关,这些内容既帮助语文教师在语文教学中解决一些课文中的疑难问题时补充了重要素材,同时也增加了语文教师了解学生相关知识的必要性。例如,《望月》是苏教版小学语文五年级下册第七单元的一篇优美的文章。课文中有这样一段话:“这是明亮的眼睛。它很喜欢看我们的大地,所以每一次闭上了,又忍不住偷偷睁开,每个月都要圆圆地睁大一次……”一位教师是这样执教的:

师:(出示这段文字)同学们,读一读这段话,小外甥把月亮比作什么啊?

生: 明亮的眼睛。

师: 眼睛会闭上,也会睁开。你知道月亮为什么有时闭上,有时又变得圆圆的呢?

生: 因为月亮会变化……

师:(未等学生说完)对,我们来看一幅图(出示:月亮盈亏图),月初的时候是月牙,像闭着眼睛,渐渐地,月亮越来越圆了,到了十五,月亮变得圆圆的了,就像睁大圆圆的眼睛一样。懂了吗?

这个片段中,教师将月亮盈亏的变化作为理解的难点,进行了细致的分析讲解。但五年级上册《科学》第一单元就有《看月亮》一课,学生们对月相变化的规律已经有了较深入的了解,所以此番讲解可以说是“无效讲解”。造成“无效讲解”的原因在于其对学生其他学科的知识很陌生，如果教师事前了解到学生已经学过相关知识，就不会将这一科学知识作为教学的难点，从而可以将更多的时间给学生去体会课文其他的美妙之处。

在语文学科中，还有一种情况是一些文章在不同年级的编排上存在交集现象，例如初中的《中国石拱桥》和小学的《赵州桥》，后者是前者的节选。比如初中的《从罗丹得到的启示》和小学的《全神贯注》，这两篇文本都讲述了茨威格在罗丹家做客，亲眼目睹罗丹全神贯注修改雕像的全过程以及从这件事中得到的启发。但通过比较可知，《全神贯注》是根据茨威格的《从罗丹得到的启示》一文改写的。对于这类文章，如果教师对这些情况不了解，那么课堂教学的起点也会与学生的实际不相符。

第四，要重视对学生“前概念”的分析。从建构主义的角度看，学习是个体主动建构知识的过程，是个体通过已有的认知结构对输入的新信息主动进行选择、加工和编码的过程。学生在日常生活中通过自己的观察、体验、思考，会形成自身对一些事物或现象的经验和认识，即“前概念”。

“前概念”是儿童阶段特有的思维方式，学生在学习新知识的时候，总是试图将新知识与自己的“前概念”联系起来，进行类比分析并加以理解。

学生有的“前概念”和科学概念相一致，这类“前概念”可以为知识的学习提供良好的基础，让学生能够更快更好地掌握新知识的概念和知识结构。如学生在日常生活中对自然界中的物体平动、转动、振动、直线运动、曲线运动等不同的运动形式有了一定的了解和体验，这有助于他们对物理力学知识的学习；学生在日常生活中对物体的气态、液态、固态，对水的蒸发、沸腾、结冰和冰的熔解等物态变化非常熟悉，有助于他们对物理热学知识的理解。

但是，受日常生活中的错觉，知识的负迁移等因素的影响，学生所形成的“前概念”有的与科学概念相悖。例如，在日常生活中，垂线一般指自上而下的直线，而在几何中“垂直”的概念要比这丰富的多，但是学生在日常生活中获得的关于直线的经验，会影响到学生在几何学习过程中对直线的理解。又如，日常经验告诉人们，物体下落的快慢由它的重量决定，物体越重下落得越快。学生的这种错误的经验会被学生带入到物理课教学中去，影响着学生对自由落体运动的理解。同样，在日常生活中学生将纯净物理解为干净、洁净的物质，而将混合物等理解为脏物，会影响到学生对化学知识的学习。

学生的“前概念”并不仅存在于数理化等学科的学习中，也会在其他学科的学习中表现出来。如在政治课中，学生受日常经验的影响，容易将商品理解为摆放在商店里的东西，商品的价格是由其质量和用途决定的，国家元首是一个人等等。又如在历史课中，许多学生受影视、文学作品以及教材中李鸿章镇压人民起义，多次签订卖国条约等史实的影响，不能把李鸿章和洋务运动联系起来，片面地认为李鸿章是阻碍历史进程的一个反面人物。

"前概念"具有顽固性、隐蔽性、负迁移性和相对稳定性等特点，与科学概念相悖的"前概念"如果不能得到及时的纠正，会影响学生接受新知识。如果教师对于学生的这些不正确的"前概念"不及时进行有效的引导，学生很难摆脱其束缚，影响到对知识的理解和记忆。这就要求教师在课前的学情分析中不仅要分析学生已有的知识和经验哪些是积极的，还要分析学生的知识和经验哪些可能是干扰的。掌握这些情况不仅是确定教学起点的重要依据，对教师预设学习过程中哪些地方学生容易出现障碍，可能出现哪些误解，也会有一定的帮助。

第五，要重视学生对已有知识产生的回生、遗忘与混淆现象的分析。对已学知识产生回生、遗忘与混淆是学生学习中十分常见的、正常的现象，特别容易在数学、英语学科中出现。在数学的学习中，回生、遗忘现象与学生个体的具体学习状况有关，也与不少教学内容采取分散出现、螺旋上升的编排方式有关。后者在量与计量、统计与概率、图形与几何领域内比较常见。例如，讲解对"吨"这一概念的认识时，之前学的千克与克的知识概念可能出现回生现象。又如，学习折线统计图时，之前学的条形统计图的功能特点、绘制方法常有学生遗忘。混淆现象与某些知识、技能本身的相似性有关，也与学生已获得的某些知识、技能不清晰、不稳定，没有精确分化有关。例如，质数、合数与奇数、偶数在外延上有交叉，学生比较容易因概念不清而混淆。由于新旧学习之间存在着正、负迁移的现象，因此教师能否有效地帮助学生处理好知识之间的回生、遗忘与混淆现象，会对于学生学习新知识产生积极的促进作用，或消极的干扰作用。

第四章
课堂教学可能起点分析

优秀教师都具有两种非常关键的智慧，即解读学生的智慧和解读教材的智慧。教材是课堂教学的可能起点，解读教材是教师根据学生的实际情况对教材进行二次加工。有效的课堂教学不仅要让学生学得轻松愉快，还要让学生在现有发展水平的基础上发展到“最近发展区”，这就要求教师不仅要分析学生，还要分析教材，在教学内容和学生的认知水平之间建立起有机联系，在学生发展的现实状况和“最近发展区”之间架起桥梁，在课堂教学的现实起点与可能起点之间架起桥梁。

第一节　课程内容、教材内容与教学内容辨析

从学情分析的角度看，教师既要分析学生的现有发展水平，还要分析学生的最近发展区，并根据学生这两种发展水平之间的差距对教学内容进行处理和设计。如何根据学情分析的结果来处理好教学内容和教学设计，对于课堂教学的成功具有重要影响。有人提出，合宜的教学内容是一堂好课的最低标准。[①]

对教学内容的处理，有两个层面的含义。一是指在处理教材时，教师要认识到教材所提供的教学内容及其水平，只是预设学生应当掌握的程度，只是提供学生学习该内容的可能范围与程度，并不代表学生真实的学习状态与可能状态，不能仅以教材作为教学设计起点的唯一依据。二是指教师在设计课堂教学时要冲破认识论的框架，不能仅仅对教材作知识层面的理解与把握，而要从育人的高度，充分解读教学内容所蕴含的丰富育人价值。[②] 但是，教学内容是什么？教学内容与教材内容、课程内容有着怎样的区别和联系？长期以来我国的课程计划、课程大纲和教材编写，都是以"上所定、下所行"的模式进行的，即国家组织专职人员进行课程和教材的研制，学校负责课程的实施。这种体制"很大程度上将课程与教材两个不同的层面（范围）重叠了起来，客观上造成了课程与教材层面、教材与教学层面不同问题的混淆"。[③] 厘清这些问题，对于教师根据学情处理教材和教学设计是十分必要的。

课程内容、教材内容、教学内容分别隶属不同的研究层面，既有密切的联系，又分别拥有各自的研究范围和对象。对于三者的关系可以这样解释，课程内容是"应该教什么"，教材内容是"用什么来教"，教学内容则是"实际教了什么"。

课程内容是为了实现课程目标学生必须掌握的基本的学习内容，具体包括"各门

---

① 王荣生：《合宜的教学内容是一堂好课的最低标准》，载《语文教学通讯》，2005 年第 1 期。

② 卜玉华：《试论课堂教学设计的"可能起点"与"现实起点"》，载《课程・教材・教法》，2007 年第 4 期。

③ 王荣生著：《语文科课程论基础》，上海教育出版社 2005 年版，第 236 页。

学科中特定的事实、观点、原理和问题，以及处理它们的方式”。[①] 课程标准对课程的内容有着明确的规定和表述，我们以初中物理中“物质”为例对其进行理解。《全日制义务教育物理课程标准》规定，初中阶段物理课程内容分为“物质”、“运动和相互作用”以及“能量”三大部分。其中“物质”划分为以下四个二级主题：物质的形态和变化、物质的属性、物质的结构与物体的尺度、新材料及其应用。对“物质的形态和变化”的课程内容是这样规定的：(1)描述固、液和气三种物态的基本特征，列举自然界和日常生活中不同状态的物质及其应用；(2)说出生活环境中常见的温度值，了解液体温度计的工作原理，会用常见温度计测量温度，尝试对环境温度问题发表自己的见解；(3)经历物态变化的实验探究过程，知道物质的熔点、凝固点和沸点，了解物态变化过程中的吸热和放热现象，能用物态变化的知识解释生活和自然界中的有关现象；(4)能用水的三态变化解释自然界中的一些水循环现象，了解我国和当地的水资源状况，有关心环境和节约用水的意识。

根据《全日制义务教育物理课程标准》对初中物理课程内容的规定，我们可以知道，课程内容是学科某一阶段共同的、统一的标准或要求，普适性高、覆盖面广、具有抽象性，是设计思路、组织框架和范围界限，而不是学生学习的具体内容或规定学科所涉及的具体知识点。它要解决的是“应该教什么”的问题。课程内容作为“内容标准”，对教材内容有着重要的指导意义。《基础教育课程改革纲要(试行)》指出，“国家课程标准是教材编写的依据”，“教材内容的选择应符合课程标准的要求”。因此，尽管“课程内容的研制与教材编制的工作是两个相对独立的领域”，但一旦明确了课程内容，“也就开辟了一连串教材系统的客观存在的可能性”。[②] 可见，教材内容是课程标准的物化形态。

教材是供教学使用的资料，《中国大百科全书(教育卷)》指出，教材一般有两种解释：一是根据一定学科的任务，编选和组织具有一定范围和深度的知识和技能的体系，一般以教科书的形式来具体反映；二是指教师指导学生学习的一切教学材料，它包括教科书、讲义、讲授提纲、参考书刊、辅导材料以及教学辅助材料(如图表、教学影片、唱片、录音、录像磁带等)。从上述定义可知，教材分为狭义和广义两种，前者专指教科书，后者则指以教科书为核心，包含一切教学材料在内的教学媒体。

无论是狭义还是广义的定义，教科书是最具代表性的核心教材，本书谈论的教材特

---

① 施良方著：《课程理论：课程的基础、原理与问题》，教育科学出版社 1996 年版，第 106 页。
② 钟启泉编译：《现代学科教育学论析》，陕西人民教育出版社 1993 年版，第 203、208 页。

指教科书。在课程标准的指导下，课程内容经过教材编辑者的加工落实到教科书中，教科书是“课程内容教材化”的体现。课程内容规定了学生必须学习的内容和必须达到的学习结果，但并没有限定教师的教学内容，它通过描述学生的学习结果间接影响教学材料的编写。因此，在同一课程内容的指导下，教材内容可以是多种多样的，同样的课程要求，学生可以通过学习不同的事实达到要求。教科书“一纲多本”正是这种关系的说明。

教材是师生教学活动的中介，是教师开展教学必需的工具，教师借助教材的内容来组织教学，实现教学目标，换句话说，教材解决的是教师在课堂教学中“用什么教”的问题。而如何使用教材，是“教教科书”还是“用教科书教”就是区分教师专业化程度的标尺。“教教科书”是传统的“教书匠”的体征，“用教科书教”是现代教师应有的姿态。

关于教材内容和教学内容，“学生可以借助于同一的语文教材获得种种不同的内容，相同的内容则可以从种种不同的语文教材学到。这个事实即表明语文教材和语文教学内容的不同”。①其他学科的教材内容和教学内容之间，同样存在这种关系。教材内容体现的是整齐划一的教育需求，是静态的，但是在具体的教学情景中，学生的兴趣、特点、需求和水平等都会呈现出多样性和差异性，如果教师只是“教教材”，那么教学就无法满足课堂教学情景的多样化和学生需求的个性化。教师在教学过程中要能根据具体的教学目标、教学情景和学生的学情，对教材内容进行方法化处理，即“教材内容教学化”，也就是教材内容的“二次开发”。对教材进行分析是将国家宏观的课程转化为学生具体的学习内容，实现课程目标的重要步骤。

教师对教材内容的“二次开发”，是由一般到具体的逐层转化。从“二次开发”的方式看，包括对教材内容的“处理、加工、改变乃至增删、更换；既包括对课程内容的执行，也包括对课程实施对中教师对课程内容（正的或负的）创生”。②特别是在新课程理念下，课堂教学并不是对教案的简单执行，而是根据实际的教学情景进行的创造再生，因此真正的教学内容的“发生在教学过程中产生多级主体之间的对话的过程中，在对话中建构适合学生理解和学习的内容”。③从这个角度看，教学内容是课堂教学中“实际教了什么”，是在教学过程中创造的，是开放的、生成的、情景性的、个别化的。

教材内容向教学内容转化，体现了教学中学习情景的重要性，体现了学生的需要

---

① 朱绍禹主编：《中学语文教材概观》，人民教育出版社 1998 年版，第 9 页。

② 王荣生著：《语文科课程论基础》，上海教育出版社 2005 年版，第 246 页。

③ 李臣之：《论教学内容创生：规定性要素及基本路径》，载《课程・教材・教法》，2007 年第 2 期。

和兴趣与教材相比具有的优先性。在具体的教学中，教材内容只是教学内容的一个组成部分，并不是全部。例如语文课文《散步》，写了一家四口在田野上散步，走到了一个岔道口，发生了分歧："母亲要走大路，大路平顺；儿子要走小路，小路有意思。"决定要由我来做，我想不出两全其美的办法，只好委屈儿子，但母亲改变了主意："还是走小路吧。"到了母亲走不过的地方，我背起了母亲，妻子背起了儿子。"母亲虽然高大，然而很瘦，自然不算重；儿子虽然很胖，毕竟幼小，自然也轻。但我和妻子都是慢慢地，稳稳地，走得很仔细，好像我背上的同她背上的加起来，就是整个世界。"教材偏重的是让学生体验文中的亲情与中年人的责任，正如教材在文前提示中所强调的："一家人一起散步是很平常的事情，然而这平常的小事，也能体现浓浓的亲情。这篇课文就为我们讲述了这样一个感人的故事。"①但学生阅读课文后，可能会有很多的体验与感受：家庭的幸福和谐，母子、父子、祖孙、夫妻之间的浓浓亲情，生命的流逝、爱的传承，对生命、爱的珍视，中年人的责任等。显然，教师在课堂中创造性地、个性化地运用教材，所生成出来的教学内容，要比教材的内容丰富得多。

从上面的分析可知，课程内容、教材内容、教学内容之间的关系，既相互联系又彼此相对独立。课程内容制约着教材内容，教材内容要反映课程内容。同样，教材内容也制约着教学内容，教师对教材内容的"二次加工"，不能偏离教材内容对教学内容的规定性。课程内容是课程层面的概念，指为了学科特定的课程目标而选择的知识、技能、策略、态度、价值观等要素；教材内容是教材层面的概念，指包括一切有效地传递、体现课程内容和承载课程价值的文字与非文字材料；教学内容是教学层面的概念，是指在教学过程中向学生呈现和传递的一切材料和信息，它不局限于教材内容，具有一定的开放性和动态性，是教师根据具体的教学目标和教学情景对教材内容进行教学法处理的种种结果。

课程内容、教材内容向教学内容的转化，是课程设计到学生体验与接受的转化过程。美国课程学者古德莱德(J. I. Goodlad)将这一过程划分为五个层次：(1)理想的课程，指研究机构、学术团体和课程专家提出的应该开设的课程；(2)正式的课程，指教育行政部门规定的课程计划、课程标准和教材，列入学校课程表中的课程；(3)领悟的课程，指教师按照自己的理解去实施的课程；(4)运作的课程，指课堂中实际实施的课程；(5)经验的课程，指学生实际体验到的课程。从"正式的课程"到"运作的课程"转变，离

① 张聪慧：《教学内容、文本内容及教材内容的关系》，载《语文建设》，2005年第1期。

不开教师的课程创生，它使“正式的课程”成为教师实际操作的课程，即“实践的课程”。“实践的课程”是对“事实的课程”的超越，“实践的课程”的“出发点不是知识的结构，而是知识是如何被共同活动着的人们所生产，这种观点一直关注的是师生的课堂实践”，在“实践的课程”中，“知识不再被当作是为了让教师进行分配和传递而从学术‘发现者’处传递下来的私有财产，知识成为师生合作工作的产物”。① “实践的课程”揭示的是师生关系活动、学生在课程中的成长过程，以及知识内在的发展价值等，这也使得课程实施不再是对原初的课程计划按图索骥的过程或稍事修改的过程，而是一个真正的创造过程。

在新的课程理念下，教材不再是完成教学活动的纲领性权威文本，而是以一种参考提示的性质出现的，尽可能展示多样的学习方法、丰富多彩的学习资料和学习活动的文本。因此，教材只是个例子，教师的教材观需要从“圣经”式转向“材料”式，从“蓝本”式转向“文本”式。教师通过对教材的“二次开发”，将课程、教材和教学等不同的层面贯通起来，最终将“理想的课程”转化为教师课堂中运作“实际的课程”。这一过程表面上涉及的主要是知识的“真理问题”，但更深层次上涉及的是知识关乎学生的“幸福问题”。因为进入教育过程中的知识，不再是作为一种事实存在或者符号存在，不再仅仅具有客观知识本身固有的意义，更具有基于客观知识和发展主体（学生）的价值关系，也就是说，教学始终是围绕着学生的发展来处理知识问题的，这就要求教师在对教材知识的处理中要凸显生命的立场与主体的视野、生成的立场与过程的取向、价值的立场与意义的关怀。②

第二节　学科性质与教材分析

在理解了课程内容、教材内容和教学内容之间的关系后，对教材的分析还需要把握学科的性质与特点。人类的知识可以划分为不同的领域，分别具有不同的特点和研

① [英]麦克·扬著，谢维和等译：《未来的课程》，华东师范大学出版社 2003 年版，第 34 页。

② 郭元祥：《知识的性质、结构与深度教学》，载《课程·教材·教法》，2009 年第 11 期。

究方法。现代学校开设的各科课程是根据学科的研究方法、逻辑顺序来编写的，教材（教科书）是学科知识的承载。这就决定对教材的分析需要正确把握学科的特性。下面仅以语文和数学两门学科为例进行说明。

学科性质决定着学科教学目的，教学目的决定着教学内容的组织、教学过程的设计。著名的语文特级教师于漪指出，在语文教育观念体系中最为核心的是性质观，它统帅语文教育的全局，决定语文教育的发展方向。语文学科性质的重要性表现为，"语文课程目标由它产生，语文课程理念由它确定，语文教学内容要依据它而选择，更不要说语文教学过程和方法要受它支配了"。[①] 但在我国，语文学科的性质问题被称为"斯芬克斯之谜"，对这个问题的探究和争论，近半个世纪来从未停息过。"关于语文课程性质争论之激烈，延续时间之长，恐怕在世界各国母语教育研究中都是少有的"[②]，甚至有学者认为，"只要有语文课存在，关于'语文'的内涵和外延的讨论可能是没有休止的，语文的性质问题也会成为一个长期的话题"。[③]

2001 年《全日制义务教育语文课程标准（实验稿）》指出："语文是最重要的交际工具，是人类文化的重要组成部分。工具性与人文性的统一，是语文课程的基本特点。"但这一基本特点并没有真正成为共识，因为"工具性与人文性的统一"并没有将语文课程区别于其他课程的根本属性揭示出来。语文、数学、外语等都是重要的交际工具，都是人类文化的重要组成部分，都具有工具性与人文性统一的特点。如 2011 年的《义务教育英语课程标准》就指出："英语课程具有工具性和人文性双重性质。"

事物的性质是指该事物区别于其他事物的本质属性。事物的本质属性是由该事物的基本构成要素和结构方式决定的。语文学科的基本构成要素是言语，言语性是语文区别于其他课程最为显著的特征。很多课程都是通过言语内容的学习得以实施的，语文课程与其他课程的区别在于，语文课程是学习祖国语言文字运用的课程，既包括祖国语言内容的教学，又包括祖国语言形式的教学，要求掌握语言的形式，训练语言操作技能（听、说、读、写）和语言心智技能（思维），而其他课程（如数学、物理、化学、地理、历史、思想品德等课程），虽然一般也以祖国语言为教学语言，但主要是学习语言的内容，偏重于对语言表达的内容的理解与掌握。[④] 在语文教学中，学生要在理解言语内

---

① 朱绍禹著：《中学语文课程与教学论》，高等教育出版社 2005 年版，第 3 页。

② 雷实：《语文学科目标的再认识》，载《教育研究与实验》，1998 年第 1 期。

③ 巢宗祺：《关于语文课程性质与基本理念的对话（一）》，载《语文建设》2002 年第 7 期。

④ 徐林祥：《关于语文课程性质与内容的两个问题》，载《语文建设》，2013 年第 8 期。

容的基础上，还要通过对关键词、句、段落，以及表现手法、结构形式，来体验体验言语形式的精妙、独到。这是其他学科不具有的。

2011 年的《义务教育语文课程标准》这样定义语文课程："语文课程是一门学习语言文字运用的综合性、实践性课程。"这种修订表达了两层含义：第一，语文课程内容和目标应聚焦于"语言文字运用"；第二，语文课程的实践性、综合性特点。无论是将"语文"理解为"语言与文字"，还是理解为"语言与文学"，或是"语言与文章"、"语体文与文言文"，其核心内容都是语言文字的运用，包括实用性的运用和艺术化的运用——为了生活、学习和工作中的实际事务运用语言文字获取信息、与他人交流沟通；为了表达对人、事、物、景的感受、体验和思考，运用语言文字，通过形象抒发自己的情怀。① 根据《义务教育语文课程标准》对语文课程性质的定位，可知"言语实践性"是语文学科的基本性质。因此，语文教学要在语言文字运用上多下功夫，语文教学的重心要落实到充分、完善地发展言语实践的教学上来。学生只有学习、掌握了言语形式，才能有效表达与交流，并使其成为进行思维和交流思想的工具，成为进一步学习文化知识和科学技术的工具，才能学会深刻理解、欣赏，实现情感的熏陶、审美的提升、人格的健全、文化的传承，实现语文课程"工具性与人文性的统一"。

在分析了语文学科的性质后，我们来看看下面几则案例：一位语文老师这样进行《绿色蝈蝈》的教学，先问学生有没有见过蝈蝈这种动物，学生大声交流。老师示意停止交流，用幻灯片显示各种姿态形式的蝈蝈图片和它的声音效果，并拿出标本激发学生的兴趣，导入课文，比较详细地介绍作者。然后读课文，完成习题，即蝈蝈的外表特征、习性及课文主要写了哪些习性。学生自读课文找信息，教师进行更正讲解明确，尔后，教师进行总结并加以拓展，请学生说说自然界还有哪些喜欢的动物，课堂很是热闹。接着，让学生口头表达自己喜欢动物的习性和特征等。最后，留一点时间让学生写一篇 200 字左右的介绍动物的文章。② 另一位教师教开放性识字课《车的世界》，先让学生分小组介绍自带的各种玩具车；再指导学生看图认识图上的车，并对应图画找出车名的词语读一下；然后引导学生在全班介绍自己喜欢并了解的各种车的性能作用，进而想象发明各种新车；最后，教师还讲述了一个交通事故发生的过程和悲惨结果，引导学生讨论事故的原因，认识红绿灯、人行横道线、站牌等交通安全设置和标识，

---

① 巢宗祺：《关于语文课程性质、基本理念和设计思路的对话》，载《语文建设》，2012 年第 3 期。
② 刘志勇等：《语文课堂教学内容的取舍原则》，载《语文教学与研究（教师版）》，2008 年第 12 期。

渗透了交通安全教育。还有位教师教《雪地里的小画家》，课前，为了充分利用多媒体形象、生动的作用，根据课文内容设计制作了精美、完整的课件。不仅有创设情境的雪花纷飞、白雪覆盖大地的场景，还有展现课文内容的连续动态情景画面：小动物快乐地来到雪地里玩乐嬉戏，用脚印"画"出竹叶、梅花、枫叶、月牙，以及相互问答"青蛙为什么没参加"等。学生在直观有趣的情境中，确实也一下子就轻松愉快地认识了可爱的小动物，看清了图像内容和画画的方法，明白了青蛙没参加的原因，了解了全部课文内容。最后，教师仅对照课件映出的课文，组织学生交流了一下得到的认识、感受和青蛙冬眠的知识，扩展说了说其他冬眠的动物，并认了认生字，练了练朗读，就完成了本课教学。①

上述案例中，学生在课堂教学中兴趣盎然、思维活跃、发言积极，主体作用得到了较充分的发挥，似乎教学过程与教学效果都不错。但是，这些课堂教学都失去了"语文味"，它们不是"真语文"的教学。原因就在于教师的课堂教学没有体现出语文学科的特性，包括教学情境的创设，违背了语文课程的基本特点，违背了语文学习的特点与规律，也使课堂教学偏离了应有的目标。应当明确语文课程性质与学科教育特点，以培养学生语言运用能力、提高学生语文素养为主要目标，并围绕这一目标整合教学内容与方式方法，处理好课堂教学中诸因素的关系，使语文教学既能体现出课堂教学的共同特性，又能体现出其自身的个性特点。

对数学本质的理解和认识，直接影响和制约着教师的数学教育价值观和教学行为。从根本上讲，数学教育的改革取决于对数学和数学教育的看法，即数学观和数学教育观。② 著名的数学家、数学教育家赫斯(Hersh)甚至认为，数学教学的问题并不在于教学的最好的方式是什么，而在于数学到底是什么，如果不正视数学的本质问题，便解决不了关于教学上的争议。一些研究也证实，数学教师自身对数学、数学学习和数学教学的看法是影响教师教学模式、行为、决策的一个关键因素。教师不同的数学观会影响其对知识呈现形式的处理、课堂环境的营造，进而影响学生数学知识的体验和学习效果，可以说教师的数学教学方式基本上取决于其所持有的观念系统。③

关于数学的性质，2001 年的《义务教育数学课程标准(实验稿)》指出："数学是人

① 许双全：《明确语文课程性质，突出学科教育特点》，载《小学青年教师(语文版)》，2006 年第 7 期。
② 曹一鸣：《从数学本质的多元性看数学教育的价值》，载《中国教育学刊》，2005 年第 2 期。
③ 参见杨新荣：《专家型数学教师数学教育观及影响因素探究》，载《教师教育研究》，2009 年第 3 期。

们对客观世界定性把握和定量刻画、逐渐抽象概括、形成方法和理论，并进行广泛应用的过程。”2011 年的《义务教育数学课程标准》修改为：“数学是研究数量关系和空间形式的科学。”恩格斯说：“数学是研究空间形式和数量关系的学科。”2011 版的数学课程标准对数学课程的新描述，让数学恢复了它本质的定义。

数学是一门严谨的科学，具有严密的符号体系和独特的公式结构。从数学学科的性质看，学习数学的过程就是“数学化”的过程，没有“数学化”就没有数学，对数学的教与学是围绕“数学化”来展开的，只有通过“数学化”的途径来进行教学，学生才能真正获得充满关系、富有生命的数学知识。那么，什么是“数学化”？荷兰著名数学家弗赖登塔尔（H. Freudenthal）把“数学化”作为数学教学的基本原则之一。他认为，与其说让学生学数学，不如说让学生学习“数学化”；与其说让学生学习公理系统，不如说让学生学习公理化；与其说让学生学习形式体系，不如说让学生学习形式化。他指出，“数学化”是指人们在观察、认识和改造客观世界的过程中，运用数学的思想和方法来分析和研究客观世界的种种现象并加以整理和组织的过程。学生学习“数学化”，体现在课堂教学中就是数学知识、数学思维方法以及数学思想的获得过程，体现在学生数学学科核心能力的提升上，包括从数学角度提出问题、数学表征与变换、数学推理论证、数学建模、数学地问题解决和数学交流等六方面，具体内容如下①：

表 4－1

核心能力成分	核心能力内涵
从数学角度提出问题	基于某情境或问题会产生自己新的数学问题，或者在问题解决过程中或解决后产生新的子问题，并用数学语言表述出这些生成的、创造的独立的新数学问题。
数学表征与变换	用某种形式，例如书面符号、图形（表）、情景、操作性模型、文字（包括口头文字）等，表达要学习的或处理的数学概念或关系，以便最终解决问题。为了使得问题能够简化或成功解决，会使用改变信息形态的某种数学转化策略。
数学推理与论证	通过对数学对象（数学概念、关系、性质、规则、命题等）进行逻辑性思考（观察、实验、归纳、类比、演绎），从而做出推论，再进一步寻求证据、给出证明或举出反例说明所给出推论的合理性的综合能力。

① 徐斌艳：《数学学科核心能力研究》，载《全球教育展望》，2013 年第 6 期。

续 表

核心能力成分	核心能力内涵
数学建模	面对某个综合性情景，能够理解并建构现实情境模型，会将该模型翻译为数学问题，建立数学模型，然后会用数学方法解决所提数学问题，再根据具体的情境，解读与检验数学解答，并验证模型的合理性。
数学地解决问题	采用各种恰当的数学知识、方法与策略，解决在数学或其他情境中出现的问题，能检验与反思数学问题解决的过程。
数学交流	能不同程度地以阅读、倾听等方式识别、理解、领会数学思想和数学事实；并能以写作、讲解等方式解释自己的问题解决方法、过程和结果；针对他人的数学思想和数学事实做出分析和评价。

由于数学具有抽象性，且生活是数学教育的重要源泉。弗赖登塔尔认为数学来源于现实，也必须扎根于现实，并且应用于现实。“数学的整体结构应该存在于现实之中。只有密切联系实际的数学才能充满各种关系，学生才能将所学的数学与现实结合，并且能够应用。”[①]这种理念体现在数学教学思想中，也就是数学教育生活化。数学教育生活化已经成为我国基础教育教学改革的一股潮流，如《全日制义务教育数学课程标准(实验稿)》指出，“数学课程应当从学生已有的生活经验出发，让学生亲身经历将实际问题抽象成数学模型并进行解释与应用的过程”，强调的就是数学教学的“生活化”与“数学化”的结合。

“数学化”与“生活化”是数学学习不可或缺的两个基点。数学教学既要密切联系学生的现实生活，又要紧扣数学主题，培养学生数学思想和核心能力。从二者的关系看，“生活化”是手段，“数学化”是目的，数学正是在具体的情景中引导学生学会数学，理解数学。

“数学化”是一个由浅入深的渐进过程，可分为不同的层次。第一层次是情境层次，与问题的情境相关，它针对某一专题，促使知识能在情境中运用。学生在这一层次的活动主要是从背景信息中找出符合的条件，思考怎样解决问题。第二层次是指涉层次，这个层次涉及利用具体的数学模型(或数学式子)去代表特定的数学对象，所用到的数学模型和策略必须指涉问题所衍生的情境。第三层次是普遍层次，是一种过渡性层次，主要是使用具有普遍意义的数学模型去分析蕴含的关系，这时模型的建立不再

① [荷]弗赖登塔尔编，陈昌平等译:《作为教育任务的数学》，上海教育出版社 1995 年版，第 122 页。

依赖背景环境，而是单纯地从数量关系中寻找数学关系。第四层次是形式层次，这个层次允许学习者进行纯粹思维、反思及欣赏活动，这是因为数学对象已经在数学范畴内用规范化的步骤和符号进行表述和操作的缘故。不同的"数学化"层次，从本质上来说就是寻求从非正式的、与问题情景相联系的结论到一定程度的系统化，再到隐藏在问题情景背后的一般性原理的深层次的理解，也就是由现实世界到符号世界的过程。①

"数学化"的层次性为数学教学指明了方向和目标，生活化(情景化)是"数学化"的基础。生活化对于数学的重要性不言而喻。"数学课程的内容一定要充分考虑学生发展进程中人类的活动轨迹，贴近学生熟悉的现实生活，不断沟通生活中的数学与教科书上的数学的联系，使生活和数学融为一体。"②弗赖登塔尔也指出："不要忘记数学在社会中扮演的角色，在过去、现在一直到将来，教数学的教室不可能浮在半空中，而学数学的学生也必然是属于社会的。"这些强调的都是数学教学的生活化。但数学课堂教学不能仅仅停留在"数学化"的情景层次上，数学教学要激发学生运用已有的知识经验，通过思考探索新情境中问题结果和达到问题的目的状态的过程，促进学生思维从领受、领悟到提升的发展，帮助学生学会数学地思维。当然，这并不是说每堂课都要求每一个学生一次完成所有阶段，而应该符合学生的年龄特征。

许多教师对数学生活化内涵的理解是存在偏差的，简单地将数学生活化理解为"以学生的现实生活作为数学的素材"、"数学在生活中的应用"等，表现在课堂教学中就是以生动活泼的故事或富有趣味性的卡通画等来增加数学的趣味性。这样，数学教育虽然生活化了，学生产生了兴趣，但"生活味"取代了"数学味"，"种了别人的田，荒了自家的园"。教学过程缺乏思考性、挑战性、探究性，没有把握数学的真正内涵，数学教学的本质在退步。这种忽视数学特性，将数学的特征和本质边缘化的现象引起了人们对于数学课堂"去数学化"问题的关注和争论。③

数学课程标准多处提到数学教学是数学活动的教学，教师要向学生提供充分从事

---

① 孙雪梅等：《"数学化"思想及其在数学问题解决教学中的应用分析》，载《数学教育学报》，2010 年第 1 期。

② 教育部基础教育司编写：《全日制义务教育数学课程标准解读(实验稿)》，北京师范大学出版社 2002 年版，第 112 页。

③ 参见张奠宙等：《当心"去数学化"》，载《数学教学》，2005 年第 6 期；徐友新：《把数学的"根"留住——读张奠宙教授〈当心"去数学化"〉一文引发的思考》，载《小学青年教师》(数学版)，2006 年第 4 期；陈永明：《值得重视的"去数学化"倾向》，载《数学教学》，2006 年第 10 期；童其林：《与〈数学教学〉主编关于'去数学化'的商榷》，载《数学教学》，2008 年第 6 期；高莹等：《数学教育不应是"两张皮"——兼议"关于'去数学化'的商榷"》，载《数学教学》，2009 年第 1 期；胡典顺：《由"去数学化"引发的思考》，载《数学通讯》，2011 年第 6 期等。

数学活动的机会。但是，课标所指的“活动”不是指肢体的运动，而是指观察、实验、操作、归纳、类比、猜想、推理、验证、交流、反思等一系列数学认知活动。数学的生活化并不仅仅意味着数学即现实，并不仅仅意味着让学生在课堂中“笑起来”、“叫起来”。实际上，“在数学中研究的不仅是直接从现实世界抽象出来的量的关系和空间形式，而且还研究那些在数学内部以已经形成的数学概念和理论为基础定义出来的关系和形式”。[①] 数学的生活化是数学学习的基础、起点，但不是落脚点，数学学习的目的是促进学生“数学化”，“数学化”本身就包含着生活化。从这个角度看，数学教学生活化的重点应落在如何寻找恰当的生活素材以充分体现数学的思想、方法和精神上。

以上以语文和数学为例，简单地分析了学科的性质与教学的关系。教师在对教科书进行分析时，不能无视学科的特点，这是教材分析的重要前提之一。每门学科都具有自身的特色，都具有自己的性质，在此不一一分析，只有紧扣学科的性质才能准确把握学科的教学目的，并将学科教学提高到一个更高的层次。

第三节　教材内部因素分析

对教材的分析不仅意义重大，而且涉及多方面因素，这需要引起教师的充分重视。钱梦龙老师说：“每次备课，我总要反反复复地读课文，或朗读，或默思，或圈点，直到确实‘品’出了味儿，才决定教什么和怎样教。”于永正老师也说过：“课前，老师得先和文本对话，即钻研好教材。只有把教材把握好了，才能和学生交流，我备课没有什么诀窍，就是那么翻来覆去地诵读、默想，当读出自己的理解、情感，读出文章的妙处，读出自己的惊喜时，我便敢走进课堂。”

教科书是教材的主体，对于课堂教学有着重要意义，它是“教学方案的心脏，没有

① [俄]A·D·亚历山大洛夫等著，孙小礼等译：《数学：它的内容、方法和意义》，科学出版社 2001 年版，第 65 页。

教科书就没有学校，应该教什么？如何教？几乎完全取决于教科书”。[①] 教师对教材的分析，要以教科书为主要分析对象。但是，很多教师对教材的分析主要集中在对教科书中的知识点及其重点和难点上。这种分析存在以下问题：把教材等同于教科书，没有把课程标准和教学参考资料加入作为教学材料，不能说明教材的来源和合理性；局限于教材的教学内容分析，没有分析教材中的教学目标、教学内容的呈现方式等其他教材要素，不能完整地理解教材；对教材的分析停留在阅读、浏览的表层水平，没有深入教材，了解教材编写的意图和所依据的原理。[②] 这样的教材分析，会使得教师在课堂教学中孤立地呈现知识点，脱离教材以及随意呈现教学内容，导致学生对学习内容不理解，抓不住学习内容的本质和核心，影响教学效果。

合宜的教学内容和有效的教学设计，是课堂教学有效性的两个要点。要确定合宜的教学内容，需要对教材进行二次加工，即教材的教学化。教材二次开发包含以下几层含义：第一，教师对教材的二次开发与课程专家的教材开发有着不同的目的和取向，前者力求教材对实际情境的适用性，而后者则追求教材的基础性、权威性、科学性、系统性和典型性；第二，教师对教材的二次开发不单是简单的教材内容的裁剪和拼接，也不单是教学方法的改变和调整，而是教师基于课程标准和学生实际需要的课程创新；第三，教师对教材的二次开发不是随心所欲的任意开发，而是依据课程标准，并考虑学生的需要，必须在国家课程标准的计划框架内展开，教师应该遵循课程标准、维护课程体系的总体标准。[③] 教材二次开发涉及两方面的因素，美国著名课程论专家麦克唐纳(J. B. Macdonald)认为，对教材的再加工需要考虑内部因素和外部因素。内部因素是关于教材的内容和组织。外部因素主要指特定的教学情景特点，如学习者特点、物理环境、教学资源、班级规模等。这里主要讨论教材内部因素并对其进行分析。

教师对教材的二次开发以课标为基础，以满足学生的需要为指向，没有教师对教材的二次开发，就不可能有真正意义上的课程实施。在新课程里，教材是一种“文本”。法国哲学家利科尔将文本定义为“任何由书写所固定下来的任何话语”，一部书、一篇文章、一段记载，或者一句话，都可以称为文本。个体与文本之间的关系是解读与被解读的关系。“读，是文本理解的起点，侧重于文字、结构以及作者写作背景等的研究，尽

① 转引自崔允漷：《课程实施的新取向：基于课程标准的教学》，载《教育研究》，2009 年第 1 期。
② 胡定荣：《教材分析：要素、关系和组织原理》，载《课程・教材・教法》，2013 年第 2 期。
③ 沈健美等：《教师基于课程标准和学生需要的“教材二次开发”》，载《课程・教材・教法》，2012 年第 9 期。

量读出文本原意；解，是以文本释义为起点，侧重于文本意义的辨析、评判以及潜在意义的发掘，要求读者有创造性的发挥。”①教材是一种经过教材编者改动，并加进阅读提示、注释说明和思考练习题等内容的特殊文本，教师对教材文本的解读不再指向文本固定的意义，而是要在解读中进行创造性的理解和发挥，即个性化的解读。新的教材观为教师对教材的二次加工提供了理论基础和实践空间，教师应该从“研读教材”及“超越教材”两方面对教材进行解读。

这里重点讨论从以下几个维度对教材进行的二次开发。

首先，教材分析要基于课程标准。不仅要关注“教什么”和“怎么教”的问题，还要关注“为什么教”和“教到什么程度”。很多教师对前两个问题关注得多，却较少关注后两个问题，其原因在于忽视了课程标准对教材内容和教学过程的制约作用。

我国中小学课堂存在教师中心和教材中心等弊端，很多教师对教材内容的分析和教学过程的实施都从自身经验或教材知识出发，不仅眼中无学生，而且心里也无课标，主要表现为两个方面：一种表现为教师对教材的分析从自身经验出发，对教材的解读表现出随意性。教师的经验是教师成长的基础，丰富的教育经验是教师专业生命的基石，许多特级教师的教学之所以具有鲜明的特色和个性，就是基于其丰富的教学实践和教学经验。但经验具有偶然性、直觉性、非批判性等特点，仅从经验出发分析教材，会出现很大的随意性。针对这种情况，有学者指出，“不少时候，语文教师在教学生的，还是小集团内流行的或个人现行生产的‘知识’。而那些阐释、变异、生产，往往是不自觉的、即兴的、无理据或者仅以‘我以为’的个人性反应为理据，从来没有被要求作学理的审查。僵化和随意性过大并存，是语文教学内容的严重问题”。② 这种“经验主义”式分析教材的现象并不仅仅存在于语文教学中，其他学科同样存在。新课程赋予了教师“处理”教材的权利，也就意味着教师应该明确自身所承担的责任。另外一种无视课标的教材解读表现为把教材作为知识权威来照本宣科地教授。《义务教育数学课程标准》(2011 年)指出：“教学方案是教师对教学过程的‘预设’，教学方案的形成依赖于教师对教材的理解、钻研和再创造。”也就是说，新课程倡导的是教师用教科书，而不是教教科书。教教材，就是把教材中的学科内容传授给学生，教师的作用在于指导学生习得教材所提供的系统化知识；用教材教，是将教材作为课堂教学的一种教学资源加以

① 蒋成瑀著：《解读学导论》，上海文艺出版社 1998 版，第 10—11 页。
② 王荣生著：《语文科课程论基础》，上海教育出版社 2003 年版，第 392 页。

开发和利用，使教材为学生的学习服务。

教师合理而有效地使用教材的能力，是教师专业能力的重要内涵之一。“任何一个版本的教材都不可能适合所有学生，教师的作用就是按照课标的要求，根据学生的学习实际，科学地使用教材，对各种学习资源进行科学整合，满足不同层次学生的需要，使每个学生在课堂上都能达到自己的学习目标，这样才能实现有效教学。”[①]在新课背景下，对于教材的解读既不能简单地从教师的经验出发，也不能固囿于教材之中。教材中知识的价值还只是潜在的、可能的价值，要把这种潜在的、可能的教育价值转化为学生内在的个人素质固然离不开教与学的活动，但也离不开对教材的合理开发。而把握课程标准，是教师理解、研究、分析教科书的基础，也是教师借助教科书实现课程目标的首要前提。

把握课程标准进行教材分析，最重要的是深刻把握教材（教科书）的教学目标和教学内容。一是依据课程目标来细化教材目标。课程目标是对学生通过一门课程学习所要达到的目标的高度概括。课程目标具有概括性，而教材中的教学目标是具体的，前者是后者的根据，后者是前者的细化，教师对教材中教学目标的把握要建立在对课程目标的理解之上。我们以初中语文《陋室铭》一课为例来说明课程目标与教材（教科书）的教学目标之间的关系。《陋室铭》是人教版初中二年级上学期的语文教科书里的一篇文言文，课程标准对初中文言文教学的目标要求是：让学生掌握文言文课文的内容知识、阅读方法知识、表达方法知识，达到理解、欣赏、评价和背诵的程度。教材（教科书）对本篇文言文需要掌握的内容和程度的规定是：理解课文大意，体会课文思想，了解托物言志的表达手法，认识《陋室铭》创作的社会背景，掌握诵读的要求，达到背诵程度。[②] 显然，课标的目标要求为教科书目标的达成指明了方向，只有理解了课程目标，才能正确把握教材（教科书）的教学目标。

二是依据课程内容标准来设计教材（教科书）的内容。课程内容标准是在课程目标的指导下，结合具体的课程内容，用尽可能清晰的行为动词加以阐述的目标。[③] 课程内容标准是学生通过学习应达到的具体目标，是教材具体内容编写的依据。教师通过与课程内容标准相对应的教材内容，确定该内容的学习水平要求。如何依据课程内

---

① 曹爱淑：《用好手中教材整合其他教材》，载《中国教育报》，2008年9月5日。

② 胡定荣：《教材分析：要素、关系和组织原理》，载《课程·教材·教法》，2013年第2期。

③ 钟启泉等主编：《基础教育课程改革纲要（试行）解读》，华东师范大学出版社2001年版，第174页。

容标准来确定教材(教科书)内容教什么,教到什么程度呢?一般可以通过分析描述"标准"的动词来确定学习水平。例如,内容标准(地理)为"举例说明地球表面海陆处在不断的运动和变化之中",从行为动词"举例说明"可以判断其学习水平为"理解",理解水平的学习结果要求学生通过学习之后,能举出海陆变迁的例子、解释海陆变迁的原因、知道海陆之间的关系。如果将上述"理解"水平的学习目标当作"了解"水平的目标来处理,则要求学生达到能举出海陆变迁的例子即可。[①] 可见,通过分析课程内容标准,可以使教师明确教材具体内容在学习水平上应达到怎样的要求,进而利用好教材提供的素材,有针对性地实施教学,指导学生达到内容标准规定的目标要求。

其次,教材分析要把握知识结构。教材知识结构体系由两部分组成,一部分是知识系统结构,另一部分是知识应用结构。知识系统结构体现的是学科知识自身内在的发展顺序和层次关系;知识应用结构说明的是知识与事物的联系,以及知识与人的关系。教师要正确把握教材的知识结构,需要从四个层面对教材进行分析。

一是全面解读教材。是指"要把握整个学段的教材。不管是哪个年级的教师,都应该把整个学段的教材拿到手,通读教材,认真对照课程标准,知道本学段本学科的教材包括哪些基本知识,教学重点是什么,哪些知识前后可以整合起来,本套教材的编排意图和体例是什么,教材内在的逻辑线索是什么,在此基础上画出本学段教材的知识树,写出教材分析"。[②]

全面解读教材是了解教材的编排思路和意图,教材知识内在的逻辑线索是什么,本学段本学科的教材包括哪些基本知识,教学重点是什么,哪些知识前后可以整合起来,从而明确所教的具体内容在教材体系中的位置,以及与同类知识之间的衔接和上下关系。通览教材的要求是:专家型的教师要从小学一直到高中都能够通览,一般教师至少要通览本学段的教材;高中教师要通览高中三年的教材,义务教育阶段的教师应当通览小学到初中的教材,至少要通览初中或小学阶段的教材。[③] 著名的语文特级教师魏书生说:"整个初中学段语文教科书,有多少篇小说、多少篇诗歌、多少篇散文、多少篇古文,我都烂熟于心,不需要看教科书。"他讲初中语文从来不带教科书和教案,也不让学生提前预习,而是上课后让学生随意点课,学生愿意学哪一篇就讲哪一篇,如

---

① 吕宪军等:《新课程标准和教材的分析与把握》,载《中国教育学刊》,2004 年第 2 期。

② 王敏勤:《把握教材是教师永远的基本功》,载《天津教育》,2007 年第 7 期。

③ 梁靖云:《教材解读:有效教学的前提》,载《教育理论与实践》,2009 年第 12 期。

同一个厨师，客人点什么菜就做什么菜。再如，小学数学特级教师马芯兰老师将整个小学阶段的数学内容总结为“合、差、倍、分”四个基本概念，并从纵和横两个方面对小学数学教科书中的知识进行重新调整和组合。在纵的方面，按照知识的纵向联系，归纳为计算和应用题两条线，并使两条线的知识密切联系、互相渗透。基本的概念、法则、原理和数学能力是线上的中心环节。在横的方面，就是把教科书中有横向联系或互逆关系的知识编排在一起，形成许多大大小小的“块”。这样以基本概念、原理、法则为中心，从纵、横两个方面对教科书从结构上进行调整和组合，形成了教科书一个新的知识结构。马老师这样进行教学，不仅大大提高了教学的效率，还减轻了学生的课业负担，几乎每个学期都可提前2—4周完成预定的教学任务。这些特级教师之所以在教学中信手拈来，而且教学效果好，负担轻，正是源于他们对整个学段的教材都有着清晰、精准的认识。

二是解读一册教材。很多教师在拿到新课本后都急于备课，后边的知识看都不看，甚至有的老师讲第一章不看第二章，讲第一节不看第二节。“实际上，一个真正有经验的教师首先要通读整册教科书，对照新课标，了解编写者的意图和知识的前后联系，画出整册教科书的知识结构图，写出分析。”①解读一册教材内容，不仅有助于教师把握本册教材的重点内容是什么，难点内容在哪里，也有利于教师理解本册教材内容是如何组织的。例如一位小学英语老师在一周之内对全册教材内容进行了纵向比较，观察相同内容出现的次数，并对各次出现的不同点进行比较。他发现数词在一册教材里出现了三次。为什么出现三次？过去他不理解。经过这次系统研读，他认识到：第一次以儿歌形式出现，主要让学生熟悉一下，产生兴趣；第二次以单词形式出现，是为了让学生整体感知；第三次以问答形式出现，是让学生将其运用到生活中。通过这样的研究，他对教材的整体脉络清楚了，理解也深刻了。等再次上课时，就对每一课内容的重点和深度有了较好的把握。

三是解读单元内容。对教材单元内容的分析，可以从两方面进行。一是对单元作系统构成分析，了解它在教材体系中的地位，在整个知识体系中的位置和作用。二是对单元知识要进行基本结构分析，了解各知识点之间是怎样联系的，各自在层次结构中又居于怎样的位置，共同组成了怎样的知识网络等等。如一位教师在分析《生物的

① 王敏勤：《把握教材是教师永远的基本功》，载《天津教育》，2007年第7期。

世界》单元时，对该单元建构了如下思维导图①，不仅能帮助学生从整体全局的视角清理单元里的概念、知识结构以及它们之间的关系，也有利于教师在教学设计、教学过程和作业设计各环节中有更好的教学思路的指导。

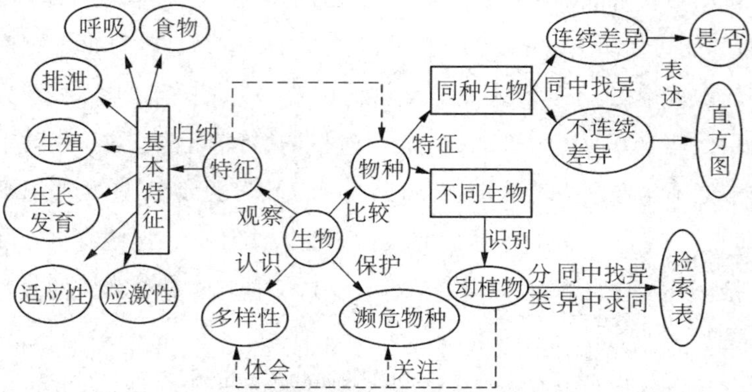

生物多样性与人类共存

四是解读一篇文章或一节教材。这是教师进行教材分析最常见的形式。对一篇文章或一节教材的分析，要以上述三方面为基础。有的教师在备课时一头扎进细节，对整篇课文的结构并没有真正地理解和把握。钻研一篇文章首先要明确这篇文章在整个单元中处于什么位置；编者为什么要选入这篇文章，如果换一篇文章行不行；在学习这篇文章时重点学习什么。教师明确了这些才能备课和上课。② 对具体的教学内容的分析，一是要确定重难点知识，二是要找到新授内容与学生已有知识之间的连接点，三是根据学生已有的知识基础和知识之间的联系，采取适当的教学策略、手段和方式。

有研究者将中学语文单篇教材分析的模式归纳为几种：作者模式、文本模式、读者模式、审美模式、言语模式、诵读模式。③ 作者模式是旨在通过对课文的分析，力图还原作者写作本文的原义，并以此作为标准来衡量分析是否正确的一种教材分析模式。以作者为中心来分析教材的模式，在语文教学中经过多年的实践，已经形成了成型的模块，即：(1)作者分析；(2)时代背景分析；(3)段落大意分析；(4)主题思想分析；(5)写作特点分析。作者模式的分析思路强调教师的导学应从作者本位角度展开思路去引

① 夏清：《单元教学设计背景下的课堂有效教学》，载《科学教育》，2010 年第 6 期。
② 王敏勤：《把握教材是教师永远的基本功》，载《天津教育》，2007 年第 7 期。
③ 王大桥：《单篇语文教材的分析模式》，载《连云港师范高等专科学校学报》，2004 年第 2 期。

导和启发学生。这一模式之所以有超常的稳定性，除了因它主要以老师为中心，易被教师接受外，还因为它视知识的传授和技能的训练为主要任务，并提出了较明确可操作程序，教师只要有教材和教学参考书，就能进入规范依样操作。但这种模式先验地设定文章中的知识点让学生在文章中落实，以认同性、接受性为教学的逻辑起点和归宿点，守成性、非创造性阐释是其显著特征。而在阅读之前就先验地设定一个标准作为判断学生理解正确与否的标尺，影响了学生对课文的创造性理解。

文本模式是把教材分析的中心落实在文本的形式上，旨在通过形式分析揭示文本自身独立价值的一种教材分析模式。文本模式认为文本是独立自主的世界，它的意义由文本自身呈现出来。分析的逻辑起点是文学语言。以文本为中心的教材分析模式，可以表述为以下几个步骤：(1)话语层的分析；(2)形象层的分析；(3)意蕴层面的分析。这种模式克服了作者模式带来的忽视文学作品的独特性与情感性等问题，注重多维度的分析文学作品，对文学语言的分析很有启发性，教学中重在引导学生体悟、想象和揣摩，调动学生参与课堂的热情。但文本模式过分专注于文本所表现的语言世界和形式，轻视了文学与社会生活的天然联系。

读者模式是把读者作为教材分析的中心，强调以文本为对象、以读者为主体、力求把握文本深层意蕴的一种教材分析模式。读者模式强调读者积极能动地阅读和再创造活动，强调读者在特定审美经验基础上对文本的各种价值、属性和信息的主动选择、接纳、消化和扬弃，把分析过程视为读者参与的读解过程。主要步骤主要有：(1)分析学生的阅读期待视野，找准课堂教学的切入点；(2)利用文中的“空白”和“未定点”，提高学生的审美想象力；(3)积极设疑发问，激发学生读出新意。这种模式把教材分析的重心落实在学生主体上，重视学生在阅读中的感知、理解、体验以至于创造的活动规律和个性特点，指导学生阅读活动中的心智运作和言语操作。阅读教学从以教师阐释课文为主转移到以构建学生的心理结构为主的轨道上来，这种转变预示了学生主体性教育思想对语文教学的全面渗透。但这种模式在强调学生心智的同时，有轻视语文知识的倾向。

审美模式以培养学生的审美创造能力和审美心理结构为直接目的，以塑造全面发展的完美个性为最终指向，通过对教材中各种美的形态的分析，把分析和教学的重心落实到学生的审美情感和审美能力上的一种教材分析模式。其操作程序有：(1)分析学生的审美心理和审美经验；(2)从教材中感受美和提炼美；(3)教材内在美的发掘和深层意蕴的揭示；(4)致力于有安全感的教学氛围的营造。这种模式把语文阅读教学由传统的知识灌输转向生命的体验和学习的过程，充分显示出教学活动本身的美感，并赋予教学活动以人生意义和愉悦价值。如果不能正确地协调好语文知识和语文能力的关系，那么它在强调学生的情感体验和生命感悟的同时也遮住了语文阅读教学的理性一面。

言语模式是基于语言和言语的不同区分，强调教材分析中以言语为中心来组织教学，要求教师对言语作示范分析，学生学会通过对言语的具体分析与领悟来理解并学习语言的一种教材分析模式。操作程序为：(1)重视诵读，分析介入不要太快；(2)反复咀嚼，得出结论不要太快；(3)深入讨论，分歧消解不要太快；(4)披文入情，理性说明不能太快；(5)注重整合，阅读结束不要太快。言语分析模式对传统的语文教学模式和当前的阅读教学时弊是一个意义重大的反拨，它在某种程度上动摇了传统语文教学的根基。言语分析模式把母语教学作为一门心理之学，是教学而非教育，为语文教育教学的纯应用性、纯技术性趋势埋下伏笔。

诵读模式是以诵读为教材分析的出发点并以学生的语感获得为目标的一种教材分析模式。操作程序为：(1)教师激情示范，引发学生的注意、激发兴趣、感染情绪、帮助理解；(2)教师感性敷演，制造一种氛围，一种情境，一种意境，用来冲击学生，使学生受到感染；(3)教师理性点拨，促使学生自悟的校正、梳理和升华。这种模式对教材中的古典诗词和现代美文的分析是非常有效的，它有利于学生对课文的整体感悟，有利于提高学生的语言积淀和培养学生的语感。需要注意的是，在运用教材分析的诵读模式时要关注它的适用范围以及教学的效率问题，处理好诵读和筛选信息能力之间的关系。

第三，教材分析要重视知识类型的分析。学科是由系统的知识组成的，不同学科的知识具有不同的特征，决定了不同的学科有着不一样的教学方法，如语文、外语宜采用讲读法；物理、化学宜采用演示、实验法；数学宜采用练习法。[①] 这只是对不同学科的一般方法论，实际上同一学科的知识也存在不同的类型。不同类型的知识，其学习、保持和迁移都存在不同的规律，知识的类型制约着学习过程的开展，也制约着学习方式的选择，因此知识的类型是构建有效教学的一个重要依据。然而，这一点并没有引起许多教师足够的重视。

心理学家根据不同的标准对知识进行不同类型的划分，影响较大的是安德森的观

① 李秉德著：《教学论》，人民教育出版社 2000 年版，第 202 页。

点。安德森在加涅等人知识分类的基础上，将知识分为陈述性知识和程序性知识两大类。陈述性知识是指关于事实“是什么”的知识，是用文字、语言进行描述的事物状态的知识；程序性知识是关于进行某项操作练习活动的知识，即关于“怎么办”的知识，包括智慧技能、认知策略和动作技能。我国有研究者认为人类有两类学习机制，一类是联结性学习机制；另一类是运算性学习机制。联结性学习机制是指个体将同时出现在工作记忆的若干客体的激活点联系起来而获得经验的心理机制；运算性学习机制是指个体进行复杂的认知操作而获得经验的心理机制。根据不同类型知识的学习方式，可以从“陈述—程序”与“联结—运算”两个维度将知识细分为联结—陈述性知识、运算—陈述性知识、联结—程序性知识和运算—程序性知识。① 如中学物理知识大致分为以下几类：物理现象、物理概念、物理规律；物理技能，包括智力技能、实验操作技能；物理应用，包括解答物理习题、在社会实践中应用和在实际操作中应用；物理学史知识，指关于物理学内容、思想和方法的演变、发展的过程。按照上述标准，物理现象属于联结—陈述性知识，物理概念、物理规律属于运算—陈述性知识，物理思想和方法、物理技能、物理应用等属于运算—程序性知识。其他学科的知识也都可以进行类似的划分。

教材知识的分类使得教师根据知识的特点进行教学设计，从而使教学更具有针对性，学生的学习效率也可以进一步提高。对于联结—陈述性知识的教学，教学目标是使学生高质量地获得以命题形式表征的知识结论，实现知识的信息意义。学习者的学习目标是达到记忆或理解的层次，在获得知识的过程中智力活动方式相对简单，主要为联结活动。此类知识教学的重点是如何使学生清晰地辨别出所要建立联结的各个激活点，如何在一个最佳的知识背景中形成所要形成的联结，如何将已形成的联结(知识)组织进原有的知识结构中。对于联结—程序性知识，学习者的学习目标是运用和综合，形成对外办事的能力。其主要教学目标是使学生熟练地掌握进行某项活动的一系列操作，实现知识的信息意义。运算—陈述性知识的获得要求运用运算性学习的机制来进行命题的学习。这类知识的教学目标是使学生获得知识结论，教学的基本要求是为学生提供刺激信息，激活学生原有知识，促进新旧知识的相互作用，使新知识进入学生原有的认知结构，理解新知识。运算—程序性知识考查的是学生应用概念和规则办事的能力，即学生运用学过的概念与规则进行运算和操作的能力。这类知识的学

---

① 莫雷：《知识的类型与学习过程》，载《课程·教材·教法》，1998 年第 5 期。

习，要通过大致重复的思维操作活动才能掌握并熟练化。①

第四，教材分析要拓展学科的育人价值。长期以来，“什么知识最有价值”受到人们的广泛关注，但是“知识具有什么样的价值”的问题却没有受到应有的重视。知识的育人价值指知识对学生素质发展的积极作用。“任何一门学科的教学，都要认真分析本学科对于学生而言独特的发展价值，它除了指该学科领域所涉及的知识对学生的发展价值外，还应该包括服务于学生对所处的丰富变化着的世界的认识；为他们在这个世界中形成、实现自己的意愿，提供不同的路径和独特的视角；学习该学科发现问题的方法和思维的策略、特有的运算符号和逻辑；提供一种唯有在这个学科的学习中才可能获得的经历和体验；提升独特的学科美的发现、欣赏和表现能力。”②知识丰富的育人价值大体上有三个相互关联的基本维度。一是知识的认知或智能价值，主要表现为丰富学生见识，把握事物的特性；知识的工具价值和认知方法价值，学生掌握了这些知识就掌握了观察具体事物的工具；知识是丰富认知的资源；知识拓展学生的视域、思维空间、想象空间、创造空间。二是知识对学生自我意识的教育价值，主要表现为知识培养学生理解人生意义、评价现实生活和选择未来生存的意识。三是知识的实践教育价值，主要表现为知识提升学生实践能力的价值；在实践中形成学生思维范式和行为模式的价值。③

但是，知识的丰富育人价值在学校教育中被局限在掌握知识上，在应试教育的导向下，死记硬背、强化训练成为课堂教学的重要形式，割裂了书本的精神文化世界与学生的生活的丰富联系，导致学科育人价值弱化。具体体现在：一是学科育人价值窄化，许多教师将对学科教育价值的认识停留在知识教学上，他们仅仅停留在围绕知识点的理解、掌握和运用来制订教学目标。二是学科育人价值泛化，即认识到了知识的育人价值，并在制订教学目标时，除了知识点的教学目标以外，拓展了学科的育人价值，但这些目标大而空，可以作为任何一堂课的教学目标，在实际的教学中并不能真正得到实现。三是学科育人价值认识的短期化，满足于对近期的、可测量的考核目标的追求，忽视了学生对教学发生和形成过程的探索和体验。

为实现拓展现有学科的育人价值，教师首先要立足于学科的基础定位拓展育人价

① 王光生：《知识类型与数学教学设计》，载《数学教育学报》，2007 年第 3 期。
② 叶澜主编：《“新基础教育”发展性研究报告集》，中国轻工业出版社 2004 年版，第 21 页。
③ 王道俊：《知识的教育价值及其实现范式问题探究》，载《课程・教材・教法》，2011 年第 1 期。

值，认真地分析学科对于学生而言独特的发展价值。如数学教学，除了让学生学会数学知识外，还可以通过认识事物数量、数形关系使学生具有数学视角，通过掌握数学运算符号使学生具有数学语言系统等等。这些都是其他学科无法具备的，只有在数学学科的学习中才能经历、体验到的独特思维方式。对于一些语文、历史之类的人文学科，还要立足于时代发展托拓展育人价值。

如历史学科，要以继承与发展、与时俱进的眼光认识历史实践和历史知识的育人价值。过去在教授"普法战争"的历史时，教师常常会引入法国作家都德的小说《最后一课》，以韩麦尔先生的爱国精神和小弗朗西斯民族意识的觉醒教育学生，以期唤醒学生的爱国情感和责任意识。历史教学中引入小说等文学艺术作品，从文学艺术作品所渲染的历史场景，或是创作者对历史的认识入手，揭示历史的本真也无可厚非。但作为历史教育而言，运用历史题材（或历史背景）的文学作品，不能违背基本的历史常识。《最后一课》重点写法国阿尔萨斯地区被德国普鲁士军队占领以后，侵略者强迫当地学校改教德语的事件。但阿尔萨斯 17 世纪以前属于神圣罗马帝国的领土，以说德语的居民为主，三十年战争后根据威斯特伐利亚和约割让给法国。长时期里当地居民不断抵制法国统治者强加于他们的语言与习俗。不难发现，阿尔萨斯人的母语本是德语，小说只是都德在普法战争后，大力发扬爱国主义精神的艺术编造。文学艺术作品中虚构的情节可以反映创造者所处的时代和创作者的认识，但其毕竟不能说明作品本身所叙述的历史是真实的。所以这样的例子放在中学历史教学中加以渲染、强调，本以为是强化民族精神教育，而一旦其违背历史的真相被揭穿，教学效果，尤其是育人效果恐怕只能是适得其反。①

此外，教师要拓展学科教学过程与方法的育人价值。教学过程与教学方法相互联系，教学方法在教学过程中展开的同时，也丰富了教学过程的内容。教学过程的属性是教育活动的基本属性，教学过程的本质属性是生成性和发展性。传统的教学过程共同特点是都关注教学过程中学生的经验积累，它们的区别主要在于是以直接经验还是间接经验为主，是通过传授—接受的方式还是通过"引导—发现"的方式。生成性和发展性离不开学生在教学过程中真实产生的体验，而体验在人的认知活动中具有重要意义。从新课程的三维目标之间的关系看，知识与技能、情感态度与价值观都必须以教学过程中得以实现。这就要求教师在进行教学过程与方法设计时，要求突出学生体验

---

① 於以传：《对中学历史学科育人价值及实践的再认识》，载《课程·教材·教法》，2012 年第 11 期。

的重要性，也就是充分体现学生"如何学"。

第四节　文本体式与语文教材分析

目前我国语文教学面临的"最大问题，不是出在教学方法上，而是出在课程与教学内容上"。[①] 在语文教学设计和教学实施中，教师较多地着眼于教学方法，较少考虑教学内容是否正确、适宜。针对这一问题，有人认为要从两方面入手加以解决，即，教师在教学设计时既要考虑学生的学情，也要依据文本体式，才能有效确定教学内容。[②]

文本体式简称文体，有文章体裁、文章样式、文章体式等种不同称谓。文体是作品"思想的外衣"，是作品的内容与形式体现出来的鲜明特征，赋予作品相对独立的性质和独一无二的身份，它以特殊的词语选择、话语形式、修辞手法和文本结构方式，多维地表达出创作主体的情感结构和心理结构。不同的文体有着不同的解读方式，美国阐释学家E·D·赫希(Hirsch)指出："如果一个文本是按科学论文的方式写成的，那么，于其中揭示出某种影射义就是不合适的。"

依据文本体式确定教学内容，是指教师在进行教学设计时要根据文本的个性特征对文本进行解读，也就是按照诗歌的方式去阅读诗歌，按照小说的方式去阅读小说，按文学欣赏的方式去阅读文学作品等等。针对这种观点，有人提出要"超越文本体式的约束，走向哲学思维"。[③] 但这种淡化文体的论点"决不可行，如果任其泛滥，势必对语文教学产生严重的干扰和误导"。之所以强调依据文体确定语文教学内容，是因为"只有识其体，才能知其义"，"只有识其体，才能晓其用"，"只有识其体，才能得其法"。[④]

文体不只是形式，也是形式、内容和功能的结合体。在写作教学中，教师十分重视文体意识，但在阅读教学中文体意识却没有受到应有的重视。而语文教学中的一些谬

---

① 洪宗礼等主编：《母语教材研究(9)》，江苏教育出版社2007年版，第7页。
② 王荣生：《依据文本体式确定教学内容》，载《语文学习》，2009年第10期。
③ 徐江等：《改造语文教学研究——以"确定教学内容"的思考为例》，载《人民教育》，2010年第12期。
④ 陈寿江：《语文读写教学岂能"超越"文体——与徐江先生商榷》，载《语文建设》，2010年第11期。

误，大多都源于教师对于文体意识的模糊。对语文教材文体的把握，要从两个层面进行。第一个层面是根据文本文体性质把握这类文本所具有的共同特点，另外一个层面是把握单个文本特殊的表现形态。

文体包含体变、体性、体貌三个基本要素，辨识文体需要对这三个要素加以系统考量。[①]“体变”是相对“体常”而言的，体常是指文本体裁所体现出的共性特征，体变是文本体裁中的变化因素。比如“赋”作为中国传统文学的一种体裁，它对文学作品就有一些常规性的要求，这就是体裁的“体常”。但是“赋”作为一种古代文体，在历史上产生了古赋、俳赋、律赋、文赋四种形态，这四种形态的赋之间是存在一定区别的，体裁的这种变化就是“体变”。辨识文体，需要考量文本体常与体变两方面的因素。体常一般是我们熟知的基本常识，但如果对文本的解读仅仅至此一步，则等于用共性特征来解读某一具体文本，忽视了文本的个性。体变独特的历史特征，是某一文本个性特征的表现。抓住了体变，也就把握了文本的个性特征，因此了解体变是辨识文本体式的基本前提。

体性是指文本所折射出的作者的个性。俗话说，“文如其人”，指文章的风格同作者的性格特点相似。任何文本都会折射出作者的“精神结构、体验方式、思维方式和其他社会历史、文化精神”。[②] 通过对作者独特个性等背景知识的了解，有助于对文本的理解。

体貌是文本对事物的表现和描绘，是通过言、象与意来进行的。“言”与“象”是文本的“外显之形”，“意”是文本的“内蕴之质”，文本是“外显之形”与“内蕴之质”的有机统一，这种“言”、“象”、“意”相统一所构成的文本特定的言语系统，称之为“体貌”。

三位名师同课异构刘亮程的散文名篇《今生今世的证据》。第一位教师围绕“证据和证明”引导学生对作者在文本中描述的过往生活进行了回顾，最后得出刘亮程的写作脉络：“曾经的过往—内心的存在—精神的财富—不会沉寂。”第二位教师以配乐朗诵自己创作的一首诗歌《月是故乡明》导入，接着选择了文中的三句话，对文章的结构进行分析。然后把《今生今世的证据》作为仿写材料，要求学生按照“独特的场景—有意象以成物证—有细节以成特写—有情感以成诗行”来写一段话，并进行了

---

① 参见史玉辉等：《辨识文本体式确定教学内容》，载《语文学习》，2011 年第 11 期。

② 童庆炳著：《童庆炳谈文体创造》，河南大学出版社 2008 年版，第 3 页。

展示。

第三位教师一上课便调查学情：选用一个词说说看完这篇文章之后的整体印象。学生几乎众口一词说：难、深、不懂。接着老师谈了自己阅读体验，梳理文章思路为两部分：一是证据、证明；二是村庄、家园。接着老师让学生谈谈"有没有特别精彩的地方"。很多学生谈了自己不能理解的句子。然后师生接力朗读课文，其他同学从证据和证明、村庄和家园两方面圈画。读文后教师抓住证据、证明、自证、无证、生存、虚无等关键词进行提问交流，引入《罗生门》、《邂逅》(沈天鸿)、心理学家韦斯克兰茨的分析以及一个人面对离去的火车的图片等来谈自己对文本的哲学思考：人为什么会虚无？人成长的本质是自我放逐，人生是虚无的过程也是存在的过程(外在的生存—物质—村庄，内在的生存—精神—家园)。接着展示了其他人对刘亮程散文的评价，并模拟刘亮程接受采访，师生对话印证文章中的内容。最后推荐阅读四部书：刘亮程的《一个人的村庄》、《风中的院门》、《凿空》以及萨特的《存在与虚无》。[①]

刘亮程是一位题材与风格都很独特的散文作家，被誉为"20 世纪中国最后一位散文家"和"乡村哲学家"。其散文的内容和语言具有"生疏化"的特点，教师不同的阅历、视角和立场，对文本存在不同的解读，这是可以理解的。因此同样的文本，三节课存在不同的教学风格，呈现不同的教学内容。但是，这并不意味着语文课堂教学的内容是随意的，"教什么"与"不教什么"不能全凭教师个人的理解和喜好。

我们从文体的角度来对三节课进行分析。第一节课，教师就文本教读文本，只是把握了散文的一般性特征，这固然是重要的，但如果课堂教学只停留在这个层面，就无法体现单个文本的特色，具体到这节课，课堂教学关注了文体的体常，却没有关注文体的体性，没有关注到刘亮程骨子里的忧伤和虚无。第二节课避重就轻，不谈主旨，就语言结构把《今生今世的证据》处理成仿写材料，忽视了散文的文体属性和核心价值，不符合散文教学体式。第三节课教师对文本解读颇为个性化，以对关键词句的点评为主，对文本的个性特征做了一些探讨，却也并没有深入到文本的内核，也就是没有真正把握这篇散文的"体貌"。

在理解了文体与文本解读、文本教学之间的关系后，如何根据文体进行教学设计，确定教学内容呢？下面的案例很好地展示了教学设计中从识别文本体式，并依据文本体式确定教学内容的过程。

---

① 贺克春：《〈今生今世的证据〉到底该教什么？》，载《语文月刊》，2011 年第 4 期。

笔者与学员开展了一次"共同备课"活动，备课篇目是人教版高中选修教材《外国小说欣赏》第一单元的一篇课文《桥边的老人》(以下简称《桥》)。备课的目的聚焦"确定这篇课文合宜的教学内容"，即确定"这篇课文应该教什么"。备课过程中，笔者请学员们做了一道填空题："这篇课文是一篇________的小说。"意在引导他们思考辨识这篇课文的体式。有学员说："这是一篇外国现代短篇小说。"另一位学员说："这是一篇海明威写的现代短篇小说。"还有学员说："这是一篇描写战争、控诉战争罪恶的短篇小说。"我要求再具体些。学员们又提到："这是海明威写的一篇语言简约但主题深刻的短篇小说。""这是一篇采用第一人称有限视角叙述的短篇小说。""这是一篇比较典型的实践海明威冰山理论的短篇小说。"笔者又引导学员们看文本，发现小说的主要篇幅是由人物"对话"构成。最后，我们总结出有关这篇小说体式的五个关键词：海明威、美国现代小说、冰山理论、对话、叙述视角。至此，体变、体性、体貌三个基本要素都被揭示出来，如下表：

体变	体性	体貌
美国现代小说	海明威、冰山理论	对话、叙述视角

笔者继续提问：(1)美国现代小说有什么特点？(了解体变)(2)海明威的创作个性是怎样的？(明确体性)(3)这篇小说的对话和叙述视角有怎样的独特性？(认识体貌)学员们继续讨论，最后明确：

1. 体变—美国现代小说

20世纪30年代美国现代小说的主要特征是强调主观真实，注重对人的内心世界或精神状态进行探索与挖掘，迥异于现实主义的批判精神，着力体现现代人的精神危机感——焦虑、迷惘、无告的痛苦和难以排解的孤独。《桥》不侧重描写和反映外部世界的现实，在文本中，人物、情节、环境都不重要，小说也并未采取全能全知的叙述视角，而是以文本中的"我"个人化的感知方式，来呈现人物内心世界的真实，并尽可能地刻画出人物心理的丰富性和复杂性。

2. 体性——战争题材、真实性、冰山理论

第一，海明威的创作偏爱战争题材，但是海明威对战争的处理是以个人

为介入点来写的，关注战争中普通人的命运。第二，强调"真实性"。海明威尽量不在作品人物和读者之间横插进自己，而是主观的真实客观的呈现，作品常常用第一人称或第二人称，缩短作者、形象、读者三者之间的距离，写得冷静而不露声色，真切不隔，具有高度可视性、可触性。第三，海明威倡导"冰山理论"，概言之，就是用尽可能简洁的语言文字，追求尽可能深远的艺术效果。露出水面的是语言所塑造的形象，是作者写出来的部分，也就是读者看见的部分；然而深藏在海里的是意蕴，是作者特意省略的部分，尽管省略掉，读者也会强烈地感受到它的存在。它们是表与里、显与隐、实与虚的关系。意蕴越深，形象越能打动人。换言之，海明威的小说，语言简洁而富有穿透力，意蕴深厚而具有多义性，力求把无限的意蕴寓于有限的形象中。海明威研究专家董衡巽认为，他的"冰山理论"在创作模式上有两个明显的特征：①经常使用的描写(即叙述)手段是对话和细节；②总体写法是暗示。《桥》表现的是普通人在战争中的精神状态，以第一人称叙述视角来增强真实感，以冷静的现实眼光来观察和描写战争中的人性，贯彻着海明威"真实性"的创作原则；同时，《桥》几乎没有心理描写，人物内心的丰富性是通过简练的语言(主要是人物对话)暗示给读者的，体现出海明威的"冰山理论"。

3. 体貌——对话暗示心理

《桥》不关注战争本身，淡化背景和故事情节，主要通过简练而意蕴丰富的对话来写战争中普通人的心理状态。体貌上的突出特征，是以人物对话暗示人物心理，而对人物心理的不同解读就会使文本产生不同的意蕴，即"平静的对话掩盖不平静的潜对话"。小说通过"我"与老人之间的对话暗示人物心理，包括老人的心理和"我"的心理。老人的心理比较容易把握，他几乎没有主动发问，基本上是在被动应答，时而清醒、时而错乱，暗示出战争对老人心理造成的重创；四次重复"我在照看动物"，尤其是倒数第二段的两次如同精神病人的喃喃自语，使读者强烈感受到老人在战争(死亡)面前的无力、无助和无奈。从老人的心理出发，读者自然会联想到战争的罪恶这层意蕴。基于此，"品读'对话'，体会把握老人的心理"是教学内容的一个重要落点。

但是，教学中仅仅分析老人的心理肯定是不够的。小说中有两个人物，且常常运用对话而非独白，对话的多义性在"我"身上体现得更为突出，"我"的内心世界——八分之七的冰山相对于老人的心理更加隐秘，也更加意蕴丰厚。这恰恰是这篇小说文本体貌上更独特的价值所在，但也是教学设计中常被忽视的内容。

“视角总是被设置在遭遇最大麻烦的那个人物身上。”（这里“最大麻烦”是指心理、精神上的）这篇小说采取第一人称叙述视角，“我”既是一个叙述者又是一个参与者，“我”完全支配着故事呈现的内容与方式，对话的暗示性造成了读者对“我”的心理具有多种解读的可能性。其一，“我”用拉家常似的谈话方式和语气与老人对话，意在唤起老人求生的欲望，“我”没有用外力（背老人、请桥上的士兵帮忙）使老人过桥，表明“我”的心理是出于一种对老人人格、人权的尊重。即使在战争中，人的尊严也应该得到起码的保护，所以“我”尊重老人的选择，绝不强迫他，哪怕是为了挽救他的生命。其二，“我”想救老人，但是并没有一开始就对他说：“这儿可不是久留之地。”而是问他：“你从哪儿来？”“你没家？”“你的政治态度怎样？”“我”的这几次发问暗示了“我”的心理活动———躲避战争的灾难或消除战争给人造成的心理创伤，靠的是内心的某种东西，故乡、亲情、政治信仰等等。其三，“我”的几次发问也可以理解为“我”的潜意识活动——体衰的老人象征死亡，人物的无名与老迈的年龄，都是死亡的隐喻。在战争中，死亡也是“我”面临的命运，而故乡、家人、政治信仰可能是“我”面对死亡时支撑下去的精神力量，所以才会下意识地问老人这些问题。总之，小说更隐秘地暗示出战争来临时“我”的心理状态，留给读者更大的思索空间。基于此，教学内容的又一个落点，也是更重要的落点，应该是“品读‘对话’，体会‘我’的心理及其意蕴”。

综上，《桥》在教材中安排在“叙述”话题单元，当然是可以的，但教学目标的重点似乎不在于学习“叙述视角”或“叙述人称”（谁在叙述），而在于学习“叙述方式”（怎样叙述），即对话暗示心理。最后，我们达成共识，教学内容的核心应该是：品读“对话”，体会老人和“我”的不同心理，把握小说的深层意蕴。①

---

① 史玉辉等：《辨识文本体式确定教学内容》，载《语文学习》，2011年第11期。

第五节　教材分析与生本化设计

无论是对学科性质、知识类型还是教材内部因素的分析，目的都是相同的，即实现教学设计的生本化。但教师对上述因素的分析只是为教学设计的生本化提供了条件，还不是真正意义上的生本化。教师还需要在此基础上对教材和学生之间的关系进行分析，根据教材的特点和学生的实际情况，按照育人价值实现的需要，对教材的内容、教材的组织、教材的呈现等方面进行适当的再加工，才能使知识恢复到“鲜活的状态”，在“多向互动”和“动态生成”的教学过程中，促使每位学生的发展。也就是说，教师还需要从学生的角度对教材进行分析，研究学生“如何学”。这是教材的外部因素分析，也是教材分析的落脚点。

从学生的角度分析教材内容，就是要找到学生与教材之间的契合点，缩小学生与教材之间的“距离”，实现符号化、结构化的书本知识与学生经验世界、成长需要的沟通，唤起学生学习的内在需要、兴趣、信心，提升他们主动探求的欲望及能力。尽管新课程加强了课程内容与学生生活的联系，更关注学生的兴趣与经验，但课程内容终究是人类文化的精髓，体现的是人类基本认识的抽象成果。这就使得教材与学生的生活和经验必定存在一定的“距离”，这也是任何教材无法避免的问题。

一是学生经验与教材内容存在时间差距。特别是在语文学科中，一些文言文及古典诗词曲类作品因年代久远，与学生产生了距离，学生感到有隔膜。从解释学的角度看，人的理解具有历史性，“我们自身的历史存在只能使我们理解历史时有一种选择，即，我们只能与创造那段历史的人，有不同的理解”。[①] 这种观点一方面为我们理解作品开阔了思路，但也说明我们对历史理解存在困难。

二是学生经验与教材内容存在空间差距。许多研究者都指出，当前的教材在内容

---

① 殷鼎著：《理解的命运》，生活·读书·新知三联书店 1988 年版，第 20 页。

的编排上存在城市化倾向[①]，更有人指出："现行小学课程的一个重要内容就是培养对工业、城市与现代生活的向往与羡慕，这种内容面对乡村小学及其学生时愈发显得突出。城市在这里成了工业、现代化与幸福生活的象征。这种内容也许是课本与课程的编订者下意识设定的，但在乡村学校中则会被接受为一种明确的意识。"[②]教材内容的城市化倾向增加了乡村学生掌握教学内容的难度。当然，生活在大都市的学生对描写乡村生活的作品同样缺乏直接的感受。

教材内容在选材方面除了存在城市与农村的差异外，还存在着地理方位上的差异。生活在南方的学生对描写北方生活的作品同样缺乏直接的感受。一位女教师这样上老舍的名篇《济南的冬天》。前一天，女教师布置了学生预习，要求学生查询作者的背景知识并诵读课文。下面是该堂课的开头部分：

师：同学们，还记得我们学过的描写冬天的古诗吗？

生：《江雪》！

师：不错。让我们一起背诵这首诗。

师生齐诵。疲惫的、洪亮的、嘶哑的、清脆的、低沉的、婉转的朗诵声和教师的声音一起，混成一种奇怪的声响。教师显然不满意，提醒学生朗诵诗歌时要找准体现作者感情色彩的字词，读出韵律。叫一名学生单独朗诵。这是婉转稚嫩的童音。

师：很好！全班模仿他再朗诵一遍。（生齐诵）

新授课开始，教师提问一名同学，让他向全班介绍作者。前排的一名小个子男生边翻书边站了起来，慢悠悠地低头开始念：老舍，原名舒庆春，字舍予，满族，北京人……声音不甚响亮，几乎不带任何感情色彩。教师背对着全班，按顺序把该生"念"到的一些"要点"工整地写在黑板上：作者原名、字、代表作、（在文学史上的）地位。全班学生似乎早已熟悉了老师的"套路"，熟练

---

① 参见余秀兰：《中小学教学内容的城市偏向分析：以语文教科书为例》，载《南京师大学报》（社会科学版），2005 年第 5 期；张勇：《教科书城市偏向的课程社会学思考：以苏教版小学语文教科书为例》，载《浙江教育科学》，2007 年第 4 期；王金华：《教科书的城市偏向分析：以人教版〈品德与生活（社会）〉教科书为例》，载《教育科学论坛》，2011 年第 8 期；宋运明：《小学数学教科书内容城市偏向问题探析》，载《凯里学院学报》，2013 年第 3 期等。

② 李书磊著：《村落中的"国家"：文化变迁中的乡村学校》，浙江人民出版社 1999 年版，第 108 页。

地抄着笔记。教师写完后让全班默记她刚刚写在黑板上的作者简介，限定时间30秒（实际上超过一分钟），然后把作者的名字等内容擦去，变成“作者原名（　　）、字（　　）”的格式叫学生回答。①

上述导入新课的模式在我国中小学课堂并不少见。在这堂课中，教师忽视了生长在东南沿海地区的十二三岁的孩子与“济南的冬天”之间的空间距离。在学生眼里，老舍笔下的济南的冬天，不是美丽的，而只是一堆文字和符号而已。这样的课堂教学脱离了学生实际的生活经验，无法激发学生内在的兴趣，也无法拓展学科的育人价值。学生的兴趣、经验是教学的起点，杜威明确指出，教学要重视儿童经验的价值，儿童的经验是儿童不断生长的条件，它提供了发展的可能性，显示了发展的内在力量。在历史、地理等学科中，同样存在着知识与学生时空距离的问题。

三是学生经验与教材内容存在结构差异。书本知识代表的是科学世界，而科学世界是理性的、逻辑的、抽象的世界；学生的生活世界是直接经验的世界，是日常的世界。这两种世界的构成存在着很大的差异。比如，数学教材内容均是取自数学科学之内容，而数学科学是数学家活动结果的记录，数学知识作为数学活动的结果，完全掩盖了数学家活动作为人类实践活动所具有的“人”性，其曲折、丰富及其生活意义和包含于其中的人文精神，全被湮没在符号化的概念、命题之中。将这些符号语言选做教材之后，教师却只操作这些“符号”与学生进行教学交往，很容易使教师只专心于“数学”而不顾及学生。②

尽管书本的科学世界与学生的生活世界存在结构差异，但是生活世界是科学的基础，这就为教师沟通书本的科学世界与学生的生活世界提供了条件。比如，对于刚接触除法的小学生而言，除法运算是很抽象的。一位教师结合当地是郊区的特点，学生对于豆子比较熟悉，有一定的生活经验背景，通过让学生分豆子来学习有余数的除法。教师为学生提供一些盘子和豆子，比如7粒豆子如何平均分到3个盘子里，学生通过动手分的过程，理解了要分的7粒豆子就是“被除数”、盘子数3就是“除数”、每个盘子里放的豆子数2就是“商”，而“余数”就是“不能再分时剩下的1粒豆子”。这样，在学生的实物操作和算式表达之间建立了一一对应的关系，从实物到算式是一个“形式化”

---

① 王艳玲：《课堂教学中儿童生活经验的缺失与回归》，载《全球教育展望》，2009年第1期。

② 程广文等：《论数学课堂与生活世界》，载《教育科学》，2001年第3期。

的过程；从算式返回到实物则是一个"寻找意义"的过程，"试商"就是尝试盘子里能放几粒豆子的过程，学生在动手操作中发现了"余数比除数小"，因为"如果余下的豆子数比盘子数多，就还可以再分"。学生甚至还发现"被除数＝除数×商＋余数"。[①] 这里，这位教师将数学抽象的世界转化为学生熟悉的生活情景，学生学起来自然不费劲。

除了上述学生与教材之间的"距离"，还有一种情况，即由于学生通过其他方式已经掌握了教材内容，这时教材也与学生存在"距离"，是相熟的"距离"。无论哪种"距离"，教师要做的是，在学情分析和教材分析的基础上，对教材进行二次加工，实现教学设计的生本化——学生懂的不教，学生能自己学懂的不教，教了学生也不懂的不教，不仅要让学生学得轻松，学得主动，学得愉悦，还要学得有效率。新课程要求教师要创造性地理解和使用教材，积极开发课程资源，灵活运用多种教学策略，引导学生在实践中学会学习，这为教师对教材进行二次开发提供了理论依据，而学生的实际学情又为教师对教材进行二次开发提供了实际要求。美国学者史蒂文森（D. L. Stevenson）和贝克尔（D. P. Baker）的一项研究表明，教师实际所教的课程内容与课程规定内容在数量上存在很大的差距。这说明，教师不可能完全把教材内容原封不动地传递给学生，他们总是会根据实际情况进行调整。教师对教材的处理方式主要有：

一是删减。对教材的删减，可以从两个层面进行，一种是以教学单元为基础进行取舍。很多教材如语文、英语等都是以单元的形式进行设计的，同一单元的教学内容具有相似性，这样教师就可以根据学生的实际情况和教材的这种特点进行取舍。例如人教版八年级语文教材（下）第三单元的五篇文章以思想教育、情感教育为主，均是从不同侧面思考人与自然的关系，让学生认识到关注自然，承担起保护自然的责任。因而对于这一单元，教师在文化内容、教学方法等方面进行删减，教授《敬畏自然》、《罗布泊，消逝的仙湖》前两课，让学生学习多种表现方式的运用，并通过抒情语句的感染，感受作者的生态意识，让学生的心灵受到震动，其他三篇可让学生进行自主性学习，自己去分析感触最深的语句，让学生进一步感受保护环境的重要性。[②]

另一种方式是以具体的教学内容为基础进行取舍。例如《雨中登泰山》一课，涉及的知识点很多，除去基础知识，还涉及散文的一般写作特点、游记的写作特点、景物的

---

① 顾泠沅等：《"除法就是分豆子"》，载《中国教育报》，2005年6月17日。

② 张乐英：《细研教材，大胆取舍：课堂有效阅读教学中对教材合理取舍的有效探索》，载《现代语文》，2011年第3期。

写作特点，以及取材、思路、表现手法、思想内容等方面的特点。在有限的教学时间内，如果教师不对教科书内容进行适当的舍次取主，而是胡子眉毛一起抓，面面俱到，这样的教学效果反倒不会好。有经验的老师以点带面，以"雨"为主线贯串全文，其他的知识点可作为复习内容略加提示。这样既节省了时间又突出了重点。当然，无论是哪种层面上的删减，删除的内容主要是那些在教学时间内无法完成的内容，或是其内容太难或是太易，或是与学生需求不大的内容。由于教材对教学有着制约作用，因此教师对教材内容的删减不能随个人偏好任意进行，删减的内容也不宜过大，同时删减后还不能影响教材整体结构的完整性。

二是补充。根据学生的学情补充更多同一类型或不同类型的材料，帮助学生理解教材。一般来说，以下几种情况教师都可以对教材进行适当的补充。当学生学习存在某方面的知识比较缺乏时，可以适当对教材进行添加。如一位老师在上一堂涉及南京大屠杀内容的课时，考虑到学生对于日本侵华战争的情况了解不是很清楚，于是他收集了一些记录南京大屠杀的视频资料，学生看了录像片感到义愤填膺。由于有了情感基础，这节课的进展非常顺利，学生的学习任务都完成得非常出色，教学目标的达成度很高，充分体现了课堂教学的高效益。当教材没有有效凸显出教学重点时，教师也可以对教材进行适当的补充以突出教材重点。当学生对教材内容缺乏学习兴趣时，可以补充一些学生喜闻乐见的、与话题相关的材料补充，既可以增加学生的学习兴趣，又可以拓宽学生的知识面。

三是替代。如果只是简单地对教材内容实行"拿来主义"，那么在很多情况下，教学过程会变得简单，学生除了获得知识经验外，难以获得更深层次的情感体验。当教材内容不适合班级学生时，或者当教材内容的设计本身没有突出知识重点时，教师就可以对教材内容的重新设计，以替代原有的教材内容。以人教版语文七年级下册《伟大的悲剧》一课为例，该篇课文重点在于告诉学生英国南极探险家斯科特和他的队员在归途的覆没悲剧是伟大的。为了揭示这一特定事件的深刻内涵，作者在把握事实的基础上多角度、多层次地进行了生动的描述，突出悲剧的不同凡响意义，使读者心灵受到震撼，从而对斯科特等人的探硷精神、科学态度、为了他人甘愿牺牲自己的行为肃然起敬。而课文后的"研讨与练习"也是围绕这些方面进行设计的。但是仔细解读文本就会发现，课文实际上更侧重于斯科特等人的"伟大"和"悲壮"。当教师发现教材的"研讨与练习"部分没有围绕课文最大限度地挖掘其教育价值时，敢于舍弃编者设计的练习，重新设计练习，这就是在与教材对话，在对课程资源进行二次开发。如将"研讨与练习”设计成“我若是斯科特，我该怎么办”、“为什么要这样做”、“明明知道条件恶劣，甚至还会有生命危险，他们还要去南极，这是为什么”、“课文中的哪些地方最能打动你，为什么”、“你知道我国南极科考队的一些故事吗请说出来与大家一起分享”等等。这样一步步引导，就能够逐渐使学生体验和领悟“悲壮”和“伟大”的含义，使学生接受一次心灵的洗礼。学生只要将讨论中获得的答案稍微组织整理一下，一篇内容丰富、有血有肉的阅读笔记就自然出来了。这样设计的研讨问题能够使学生“有言想发，有情欲抒，有话愿说”，并有助于学生加深对课文的理解，达到相互教育和自我教育的目的。①

一位历史教师这样处理教材。历史教材《宋明理学》一章中用了宋人程颐《河南程氏遗书》中的一段材料：“唐有天下，如贞观、开元间，虽号治平，然亦有夷狄之风。三纲不正，无父子、君臣、夫妇，其原始于太宗也。故其后世子弟，皆不可使。玄宗才使肃宗，便篡。肃宗才使永王璘，便反。君不君，臣不臣，故藩镇不宾，权臣跋扈，陵夷有五代之乱。”这段材料旨在以唐朝史实说明儒学核心价值观念受到冲击，儒家统治地位进一步被削弱的状况，从而引出儒学复兴的重任。材料涉及唐初的玄武门之变、李渊退位、皇宫秽乱、安史之乱等较多史实，学生对大部分史实是陌生的，即使是历史教师，也需要查阅不少书籍才能搞清。这样的史料，超越了学生的认识水平，也超越了绝大部分教师的水平。与其艰难前行，不如另辟蹊径，这位教师在授课中以韩愈的《左迁至蓝关示侄孙湘》作为代替，效果良好。选取这首律诗理由有三：首先，这首律诗被选入人教版九年级下册课本课外古诗十首中的第六首，学生在初中已经学习过，比较熟悉。其次，在九年级课本中对这首诗的写作进行了简要注释，这些文字都简要地表明了这首诗反映的重大社会问题，即唐代佛教的流行，被统治者重视扶植。韩愈的命运也说明了儒学的困境。第三，这首诗也表明了儒家的重任即重振儒学，这里也契合了教材的内容。②

四是整合。对教材的整合可以单元的形式进行，也可以是对某一教学内容进行整合。一位历史教师在上《辛亥革命》一课时，发现该课涉及的知识点较多，但新教材将其压缩为一课时内，因此如不对教学内容进行整合，必然导致教学面面俱到，主次不分，难以完成任务。该教师仔细研读课标后，发现课标的要求是“简述辛亥革命的主要

① 任丹凤：《新教材设计突出三重对话功能》，载《课程·教材·教法》，2004 年第 7 期。
② 杨竟：《例谈对教材史料的补充和调整》，载《中学历史教学研究》，2011 年第 3—4 期。

过程，认识推翻君主专制制度、建立中华民国的历史意义”。而旧教材中被重点强调的“三民主义及其认识”、“袁世凯窃取辛亥革命胜利果实”等内容新课标均未做特别要求。因此该教师大胆取舍，按照课标要求把教材内容重新整合为“国难当头”、“走向共和”和“彪炳千秋”三部分。第一部分课标不作要求，简单带过。重点和难点放在后两部分，其中“走向共和”这一部分内容较杂，也做了重新的整合与取舍。该教师将这一部分分为“构想共和”、“浴血共和”和“初创共和”三个版块。“构想共和”重点介绍兴中会与同盟会的成立、革命派与改良派论战，“浴血共和”主要介绍一系列武装起义以及武昌起义的胜利，“初创共和”主要介绍民国建立和帝制终结。经过重新取舍与整合，本节课线索明晰，既兼顾了重点和难点的突破，又通过排序、续写等活动体现了学生的主体地位，时间也很从容，充分反映了“用教材”的优越性。①

五是调整。根据教学的需要将教材中的各个部分重新排序，使教材的结构更加合理、内容更加丰富，不仅有利于教师节省备课时间和精力，而且有利于他们在教学中创造性地使用教材。比如，调整单元内知识呈现的先后顺序，或重新安排单元的教学顺序。需要指出的是，教师应在一定的幅度内进行调整。在一节数学课上，教材在学生学会了计算器的使用方法之后，让学生利用计算器进行数学探索的内容。教材出示了下面一组算式，并给出了前三题的答案：$1\times1=1$；$11\times11=121$；$111\times111=12321$；$1111\times1111=$ ________；$11111\times11111=$ ________。教材这样编排的意图是让学生先观察前三个算式的答案有什么特点，它们与算式的两个因数之间有什么关系，进而找出规律，然后利用规律直接填出后两个算式的答案。如果按照教材的编排意图进行教学，应该没有问题。但如此教学，计算器的作用更多的是去验证后两个算式的答案是否与猜想一致，目标比较单一，而且学生由于对自己刚才发现的规律深信不疑，往往缺乏再用计算器验证答案的热情。但是该教师对教材进行了改编，先出示 $11111111\times11111111=$ ________ 的算式，激发学生的挑战欲望。然后教师再利用学生计算器的不同导致屏幕上显示的位数不同，让学生产生矛盾和疑问，激发学生探究答案究竟是多少？用什么办法能找出结果？看似不经意的顺序“微调”，唤起了学生更强烈的内在学习需要。这时教师适时地对解决问题的方法加以引导，可以从简单的数计算起，看看能否能发现什么规律。② 这样学生不仅感受了从简单的情况开始探索数学规律这

① 孟伟：《整合出新意，取舍见真功》，载《山东教育》，2007 年第 17 期。
② 牛献礼：《改变一点点收获大不同》，载《小学教学参考》，2008 年第 4 期。

一解决问题的方法，而且也深刻体验到计算器不是万能的，有时使用计算器并不一定能得到准确的结果。

对教材进行取舍，方法和内容是多方面的。但教师在对教材进行二次加工的过程中，“不唯教材”和“不违教材”是最基本、最主要的原则。所谓“不唯教材”是指教师要能够根据学生的学情对教材作出更加灵活的调整，以更符合学生的实际。所谓“不违教材”是指教师在对教材进行的再加工要基于教材，要抓住教材知识的实质，领会编者的编写意图。

第五章
课堂教学中的学情分析

在教学设计中，对学情进行分析是十分必要的。分析学生的整体特征与个体差异、知识状况与能力基础、情感态度状态等，有助于教师加强教学内容的选择、课堂目标的制定、教学方法的设计等方面的针对性。但是，任何课堂都是动态的、生成的，“课堂上可能发生的一切，不是都能在备课时预测的。教学过程的真实推进及最终结果，更多是由课的具体进行状态以及教师当时处理问题的方式决定的”。[①] 因此，再“完美”的教学设计都无法完全预设学生在特定教学情景中的真实反应。

随着课堂教学从“以教论学”向“以学论教”的转变，从关注教师“教”向关注学生“学”的转变，教师如何“根据当时的具体情况，捕捉一些有价值的细节，巧妙地在学生不知不觉之中作出相应的调整和变动”（苏霍姆林斯基语），显得更加重要。这就要求教师在课堂教学中，除了进行知识教学外，还要善于捕捉学生在课堂教学中的学习状态和各种行为信息，即课堂中的“即时学情”，并根据即时学情“顺学导

① 叶澜：《“新基础教育”探索性研究报告集》，上海三联书店 1999 年版，第 230 页。

教”，及时调整教学进度和课堂管理。

课堂中的“即时学情”是学生在课堂教学中所表现出的认知、能力、情感等方面的状态，是课堂教学有效性最直接的体现。可以说，整个教学过程就是教师不断接受新的信息，特别是来自学生的信息，接受智慧的各种挑战的过程。只有在这样的过程中，教师才会感受到教育的尊严和快乐，才有成功的感觉。

第一节 课堂观察与学情分析

观察作为一种研究方法，不仅有着久远的历史，也具有十分重要的地位。在一定程度上，观察是一切研究活动的基础，任何科学研究都离不开观察。如俄国生物学家巴甫洛夫就强调“观察，观察，再观察”，德国社会学家马克斯·韦伯也指出：“无论从什么地方开始对任何一个社会机构之研究，其必不可少的部分便是细致与长期的个体观察……通过这种观察，研究者能获得很多材料，并以此来清晰自己的观点和思想。”

将观察运用于课堂，开展课堂教学研究，始于20世纪五六十年代。20世纪50年代后受科学化思潮的影响，教育研究中定量化、系统化、结构化的观察方法不断出现，研究者们不断探索系统性的观察记录体系，并运用到课堂研究中去，如贝尔斯1950年开发的“交互作用分析”，弗兰德斯1960年提出并不断修订的互动分析体系等。这些标志着现代意义的课堂观察的开始。

课堂观察是指研究者凭借自身感官或借助一定的观察工具，对课堂情境进行记录、分析和研究，从而加强对课堂教学洞察的广度与深度，并用以改善学生的课堂学习。“教师观察行为不是指感觉器官将物理刺激转化为神经冲动的过程，而是指教师在一定的教学情景中发现并收集有意义信息的过程。”①课堂观察是教师成长不可或缺的能力，是教师专业素养的重要内涵，也是教师的一种研究方法和反思方法，“观察既是教师专门化知识技能中的核心专业技能之一，是每位教师胜任教育教学工作的必备的专业能力，也是教师专业活动的基本性的专业行为。缺乏起码的教师专业观察技能意味着教师专业行为能力的缺陷，也同样意味着不能履行教育的职责”。② 然而，课堂观察却是“一项被遗漏的教师专业能力”，并未受到应有的重视。

从观察的主体看，课堂观察者既可以是课堂教学的执教者，也可以是教师同伴。

---

① 林正范：《论教师观察行为》，载《教育研究》，2007年第9期。

② 王凯：《教师观察行为的专业主义视野》，载《教育研究与实验》，2009年第2期。

同伴的课堂观察是任课教师获取课堂学情的重要途径，但这种方式对课堂即时学情的反馈大多是在课后评课中进行的，无法为课堂教学的执教者提供及时的信息。因此，从课堂即时学情分析的角度看，教师的自我观察更重要。

教师的自我观察，是指教师在课堂教学的同时，对自己执教的课堂进行观察。教师自我观察最大的好处是，通过观察学生即时的学习行为和学习状态来判断课堂即时学情，不仅为教师课后的反思提供了信息，还可以引发教师"在教学中反思"，及时调整教学策略，提高课堂教学效果。那么，教师如何进行自我观察呢？这需要教师从课前和课中两个阶段进行。

课前是教师进行自我观察的准备阶段。课前准备对整个观察活动起着十分重要的作用，准备越充分，教师能收集到的有用资料就越多。从课堂观察发展的轨迹来看，课堂观察从单一到多样、从定性到定量，再到定量与定性相结合，强调的是科学化和规范化。"但是，一方面由于所有的真实的课堂生活都处于一个复杂的、不可预测的状态，另一方面教师还必须确保教学活动的顺序性和完整性，这给上课教师的学生行为观察提出了极大的专业挑战"①，因而，教师的自我观察，在强调科学化和规范化的同时，还要重视"简约性"，以便于操作。教师的自我观察，可以采取两种形式，一种是正式的观察，即教师根据需要，设计一定的观察表，对学生的课堂行为进行记录，这种方式重视的是某种行为或事件发生的频率。另一种是非正式的观察，即教师对学生的课堂行为进行的描述。

教师在课堂中进行的自我观察，可以围绕教师自身、教学过程和学生行为三个方面进行。教师对自身的观察，重点是教学的素质与素养、技巧与技能、动作与仪表、必备的知识等方面。围绕教学过程的观察，重点包括课前设定的目标与规划是否准确，是否符合学生的实际；讲课的方式与方法是否尊重了学生的主体地位，是否调动了学生的积极性；课堂氛围是否活跃，课堂是否有活力，学生反应是否积极，师生互动是否积极等方面。对学生的观察主要表现为学生在课堂教学中的学习状态、学习参与程度、学习新知的速度、学习的具体效果等。在这三点中，对学生的观察最为重要，而且教师对自身的观察，以及对教学过程的观察，都是为学生学习服务的。

学生的课堂行为是其内心世界的外显，教师需要通过认真、连续观察学生的学习行为，从中寻找其思维、思想、情感等方面的特征与发展需求，收集有关教育教学的信息，

① 戚小丹：《论教师与学生行为观察》，载《全球教育展望》，2009 年第 4 期。

来确立自己有效的教育教学行为。学生的课堂行为表现包括学习行为状况和非学习行为状况。学习行为状况如学生的听课、问答、交流等,非学习行为状况如学生在课上走神、开小差等行为。此外,学生在课堂中的问题行为也是一种常见的、普遍存在的课堂行为。

在课堂中,学生外在的行为容易被观察到,对于这类行为教师可以以全班学生为观察对象,采取随机性观察。学习行为不仅涉及外在的行为方式,还涉及内在的认知过程,具有内隐性等特点,特别是由于中小学班级学生人数多,且在课堂这样复杂而快速运转的环境中,学生的课堂行为又具有多样性和瞬时性,教师无法及时洞察所发生的一切复杂情况,这需要教师有选择性地进行观察,以提高观察的有效性和针对性。

心理学家詹姆斯(James)认为:"成为智者的艺术在于认识到'什么是该被忽略'的艺术。"教师首先要确定重点观察的行为,选择那些重要的、典型的,或具有普遍性的行为进行观察。学生的学习行为状态可以分为参与状态、互动状态、思维状态、情绪状态和生成状态。为了便于对学生行为状态进行更好的观察,教师可以根据可观察、可记录、可解释的原则对这些行为状态作进一步的细分。如学生的参与状态可以从学生是否认真听课、练习或讨论,是否提出与别人不同的问题,大胆尝试并表达自己的想法等方面进行观察;互动状态可以从学生是否积极举手发言、提出问题、讨论与交流、阅读补充资料,是否善于与人合作,善于倾听别人意见、积极表达自己的意见等方面进行观察;思维状态可以从学生能否独立思考,有条理地表达自己的意见,解决问题的过程是否清楚,能否用不同的方法解决问题等方面进行观察;情绪状态可以从学生在听课、互动、自主时的表情和神态等方面进行观察;生成状态可以从学生在课堂学习过程中三维目标(知识与技能、方法与过程、情感态度和价值观)的达成效果进行观察。

其次,教师还要确定重点观察的学生。关注课堂中的每一位学生,是新课程对教师的要求,但对很多教师而言,这是一个很大的挑战。特别是那些入职不久,或教学经验尚不丰富的教师,他们在课堂教学中最关注的不是学生的行为反应,而是教学内容,他们考虑的主要问题是如何从"教师教"的视角出发,把一堂课的知识讲明白、讲清楚,即"教会"学生,至于学生在课堂教学过程中的反应,还不能成为他们关注的重点。

"改进课堂观察技能的一种有用的方式是进行个案研究,把关注点集中在一个或几个学生身上。对观察到的行为进行汇报的个案研究特别有帮助。这种个案研究有助于我们能够准确地观察和描述课堂行为。"①如何确定作为观察对象的这"一个或几

---

① [美]T. L. Good 等著,陶志琼等译:《透视课堂》,中国轻工业出版社 2002 年版,第 56 页。

个学生”，是教师课堂观察十分重要的一步。“研究人员必须运用其绝大部分的知识和相当部分的才华，才能正确选出值得观察的对象。这是一个举足轻重的选择，往往决定几个月工作的成败，并往往能把一个卓越的发明家同一个只是老实肯干的人区别开来。”[①]为了提高对学生学习行为的观察效果，教师需要根据学情对学生进行分类，在每类学生中选定一部分进行集中观察，可适当增加那些需要特殊帮助的学生作为主要的观察对象。当然，随着教学技能的不断提升，教师的课堂自我观察可以从关注重点学生逐步扩展到全班学生。

课中是教师自我观察的执行阶段。课前精心的准备为教师的课堂观察提供了良好条件，在教学过程中教师的重点任务是在不影响课堂教学的基础上观察和收集学生的行为信息，并根据收集的信息对自己的教学设计和教学过程做出实时改进。“细节决定成败”，能够及时捕捉到学生行为中的细节，关系到教师课堂自我观察的质量。“真正地‘看’不仅仅是用眼睛”，观察不仅止于看见事物，还包括思维过程。

教师观察学生行为时，首先关注的是学生直接的行为表现，如学生的言语表达行为、眼神及面部的表情行为、各类肢体行为等。在这些直接的行为中，言语行为是最有观察价值的行为之一，学生的言语行为直接体现了其思维品质与性格特征，直接反映了其思想与情感的需求。例如，学生在课堂上发表见解时语言表达是流畅的或是杂乱无章的、声音是响亮的或是微弱的、言语表达的内容是紧扣主题的或是缺乏针对性的，都是其思维过程、认知特征与个性特点的直接反映。再如眼神与面部表情行为，学生眼神及其面部表情所表达的行为信息，无论是喜悦、忧虑、惊讶、疑惑、期待、满足等，教师都可以从学生丰富多彩的眼神及其面部表情中发现其内心世界，察觉一系列有意义的行为信息。另外，学生的肢体行为也是十分值得关注、观察的行为。[②]

加拿大学者范梅南(M. VanManen)说：“一个真正的教师知道如何去‘看’孩子——注意一个害羞的表情，一种情绪的流露，一次期望的渴望。”学生在课堂教学中的学习行为大多都是瞬间的、及时的，教师的观察需要迅速而准确、细致而深入、全面而客观，才能捕捉到学生的学习行为，这需要教师采用多样化的观察方法。如扫视，教

---

① [英]贝弗里奇著，陈捷译：《科学研究的艺术》，科学出版社 1979 年版，第 107 页。
② 林正范：《论教师的学生行为观察》，载《教育发展研究》，2007 年第 10 期。

师通过目光与全班学生进行的目光接触，扫视关注的是“面”，重在对班级学生整体情况的了解和发现课堂存在的行为问题。注视，在教学过程中，教师主动地和单个学生发生目光接触，注视关注的是“点”，通过注视可以获得特定观察对象丰富的反馈信息，起到较好的教学监控效果，注视的时间不宜过长，一般在3秒左右，否则会让学生感到不安，尤其是近距离的注视。环视，指教师按照一定的观察路线对学生的情况进行观察。环视的目的重在观察与交流。巡视，指教师在课堂巡进中进行观察，这种观察方式有利于教师调整课堂观察的距离和角度，提高观察效果。

当然，教师还可以参与到学生的学习中去，特别是小组合作学习，近距离参与式地观察学生。这方面，兰本达教授执教《蜗牛》的课例一直为我们津津乐谈。兰本达是美国哈佛大学教授，1984年应邀来华，给北京育才学校三年级22名8—9岁的孩子上了一堂生动的自然课《蜗牛》。他在组织学生观察蜗牛的活动中，连续15分钟都没有对学生进行一次统一的讲话，他不停地参与到每个小组的活动中，与学生一起观察，眼对眼、面对面一起共同探究，拉近了与他们的距离。这样做既让学生感到老师不是高高在上地监督自己，又让他们觉得老师是可依赖的“靠山”，需要帮助的时候，还可以请教老师。同时，近距离的、参与式的观察，还有助于教师及时对学生的学习行为进行点拨和指导。

其次，教师要能够准确解读学生的行为信息。教师能否准确及时地解读学生的行为信息，是教师能够及时作出教学调整的前提，这需要教师具有一定的教学机智。“一个富有机智的人具有敏感的能力，能从间接的线索如手势、神态、表情和体态语来理解他人内心的思想、情感和愿望……机智还在于理解这种内心生活的心理和生活意义。”①用杜威的话说，就是“教师不仅要感受到儿童用文字表达出来的意义，而且要注意到身体所表现出来的各种理智状况，像迷惑、厌倦、精通、观念的醒悟、装作注意、夸耀的倾向，以自我为中心把持讨论，等等。教师不仅要了解这些表现的意义，而且要了解学生思想状态所表现出来的意义，了解学生观察和理解的程度”。如一位特级教师在公开课上提了一个较难的问题，没有学生举手回答。这位老师提问了一个学生，结果学生顺利地回答了问题。课后有人问这位老师“你怎么知道他能够回答这个问题’，这位老师回答：“很简单”，“我看见他眼睛转向左边，知道他正在用心思考这一问题”。这位教师“简单”的行为背后，蕴含着“不简单”的、丰富的实践经验和敏

① [加]范梅南著，李树英译：《教学机智：教育智慧的意蕴》，教育科学出版社2001年版，第166页。

锐的洞察力。

三是教师要能够适时调整自己的教学行为。教师对学生行为进行观察，获取学生对课堂教学的反馈，随即教师对学生教学反馈进行解读并及时作出适当的教学改变，即对学生反馈的反馈，以促进学生学习状态的改善和自主学习能力的提高。教师要处理好课堂教学中这种反馈与反反馈之间的关系，既需要与具体的课堂教学情景相结合，还需要熟悉心理学、教学法等方面的知识。“一种理由是，他能凭借这类知识观察学生的反应，进而准确地解释学生的言行，否则学生的反应可能觉察不出来；另一个理由是，这些知识是别人用过而又有成效的方法，在需要的时候，他就能够凭借这些知识给儿童以适当的指导。”①例如，如果学生表情轻松，颔首微笑，则说明学生对所授内容理解透彻，教师就可以按原计划教学；如果学生还在埋头记笔记，教师就要适当放慢教学速度或者稍停片刻；如果学生双眉紧蹙，说明学生在学习上遇到了困难，教师就应该通过穿插提问等方式，了解学生的学习障碍，以便改进教学方法，调整教学进度；如果学生左顾右盼，或窃窃私语，说明在学习中可能遇到了困难，或看不清板书的内容，或不理解教师所讲的内容，这时教师应该先通过目光让学生感觉到教师已经关注到自己的情况，然后把刚才描述或板书的内容再重复一下；如果学生将头向前低俯且偶尔瞅老师一眼，目光与老师的目光相碰时又马上躲开，则说明学生在做一些与课堂无关的事情，教师应该通过眼神、手势等提醒学生，或让其陈述当堂讲过的内容，使其意识到自己的过错并能够认真学习。②

教学中的问题行为是教师课堂教学中经常出现的棘手问题。课堂问题行为是指学生在课堂中发生的违反课堂规则、妨碍及干扰课堂活动的正常进行或影响教学效率的行为。学生课堂问题行为的产生，有的是想引起教师或同伴的注意、帮助，有的则是为了逃避不愉快的状态或活动，学生的课堂问题行为一般表现为轻度的问题行为，持续时间短，应变性强。教师的教学经验会影响其对学生课堂问题行为的判断和感知，特别是新手教师或教学经验不丰富的教师对于课堂中的问题行为缺乏敏感性，而那些专家教师则具有良好的觉察和再认能力，能够觉察到新手教师注意不到的问题特征。③ 对于课堂教学中学生的那些细小且转瞬即逝的问题行为，教师可以忽略不计，

---

① [美]杜威著，姜文闵译：《我们怎样思维. 经验与教育》，人民教育出版社 2005 年版，第 224 页。
② 郑君：《课堂教学反馈行为类型及其实施原则》，载《当代教育科学》，2010 年第 6 期。
③ 王福兴等：《不同经验教师对学生课堂行为加工的眼动研究》，载《心理发展与教育》，2013 年第 4 期。

因为对这类行为的干涉对课堂更具干扰性；当轻度的问题行为持续发生且有蔓延趋势时，教师应该采取间接的方式进行阻止，如教师可以通过点名、手势、眼光接触、走近学生、要求回答问题等技巧来消除。当学生的问题行为持续时间较长、对课堂造成严重干扰时，教师就必须直接阻止这种行为。

除了学生的问题行为外，学生学习中的创造行为也需要教师重点加以关注。学生的创造性学习行为是一种积极行为，是学生思维和智力活动的重要体现，也是课堂教学的重要资源。对于学生的这类行为，教师不仅要设法加以观察，更要善于根据学生创造行为及时改进教学。但在实际的教学中，很多教师并不能洞察到学生的创造行为。如一位教师在教学"认识线段"这节课时，让学生画一条3厘米长的线段，多数学生都用了教师指导的方法，从尺子的0刻度画到了3的刻度。坐在最后排的一个男生的尺子的0刻度已经磨掉了，他就从1画到了4。这位教师在行间巡视时，虽然也看到了这一幕，但在后面的交流环节，直至课的结束都没有提到这个同学的画法。这是一个宝贵的生成资源，如果教师把这一资源好好利用，让第一种画法的学生展示完并充分给予肯定后，再让第二种画法的学生也上展台演示一下自己的画法，让学生明白，画3厘米长的线段原来还可以这样画。然后再进一步拓展，如果从2开始画，要画到几才是3厘米呢？如果从5开始呢？……这样不但可以加深学生对3厘米长的认识，也能培养学生思维的灵活性。[①]

创造行为具有新颖性和恰当性。从新颖性的角度看，创造性的观念或产品必须于生产者个体而言是独创的或是新颖的；从恰当性的角度看，针对成年人的恰当准则可能并不适用。结合上述新颖性和恰当性的特点，"如果孩子们的作品是有意义的、有目的的或在某种程度上有沟通的功能，便可认为是恰当的。如果学生们成功地交流了观念或是解决了问题，他们的努力便是恰当的。如果他们的工作方式又是新颖的，起码对他们自己而言如此，那么，他们的工作是创造性的"。[②]从这个角度看，课堂教学并不缺乏学生的创造性学习行为，缺少的是善于发现的眼睛。

① 梁求玉等：《别让教师的行间巡视"走形"》，载《小学数学教育》，2012年第7—8期。

② [美]A·J·斯塔科著，刘晓陵等译：《创造能力教与学》，华东师范大学出版社2003年版，第6页。

第二节　课堂倾听与学情分析

古希腊哲学家苏格拉底说："上天赐人以两耳目，欲使其多闻多见而少言。"寥寥数语，形象而深刻地揭示了"听"的重要性。美国语言学家保尔、兰金等认为，人们日常生活中言语实践的使用情况是：听占45%，说占30%，读占16%，写占9%。也就是说，人们有近一半的时间在听。教学作为师生沟通与交往的过程，沟通的前提不是"说"，而是"听"。课堂教学中的倾听，不仅是一种交际行为，也是一种心理活动。

课堂倾听，既包括学生对教师的倾听，也包括教师对学生的倾听，本节重点关注的是教师对学生的倾听。西方有研究者指出，强调教师对学生倾听的重要性，"这样做并没有忽略教师的地位，只是赋予教师责任，即创设教学环境以使学生的说与听、读和写处于同等的地位"。在哲学视野里，倾听与理解是不可分割的，没有理解的纯粹倾听是不存在的，也不存在某种没有倾听的理解。教师的课堂倾听有助于教师收集学生对教学的即时或延迟的反馈，从中获取学情信息，并推断出学生学习存在的困惑与疑难，以便教师采取相应的策略、手段，替学生释难答疑，做到真正的因材施教。国外研究者很早就关注了教师的课堂倾听。20世纪70年代，西方就有学者指出："教师是倾听着的教师，然而，几乎没有人对教师如何成为真正的倾听者予以更多的关注和重视。"不过，随着这一问题的披露，随后不少研究者对教师倾听的意义和价值进行了深入探讨。

教师作为倾听者，也是我国基础教育课程改革倡导的新理念之一。而当前中小学，课堂教学还普遍缺失倾听的文化，教师也普遍缺乏倾听的意识和技能。一次公开课上，教师在讲解时，所有学生的电脑屏幕上都呈现了"请你注意倾听"的字样，然而整堂课下来，教师却几乎没有给学生任何表达见解和情感的机会，"请你注意倾听"沦为单向的、被动的倾听。在点评时，一位评委反过来问这位教师："你注意倾听了吗？"①课堂教学是师生相互交流的过程，也是相互倾听的过程，很多教师要求学生汇报时总

---

① 肖映铭：《教师要学会倾听》，载《教育测量与评价》(理论版)，2009年第5期。

不忘提醒学生“汇报时声音要响亮，让每个学生都听得见，全体学生都要注意倾听”，而学生在汇报时教师却在翻看自己的教案，或者进行板书。

教师在课堂教学中的倾听，涉及行为、认知和情感等层次。[①] 行为层面的“听”，即教师在倾听过程中所表现出的行为与态度，可以表现为表面的听、消极的听和积极关注的听。表面的听是一种虚假的倾听，教师虽摆出倾听的姿态，但并没有进入学生的言语世界，教师也没有在情感上接纳学生。消极的听是指教师在听的过程中因不认真导致遗漏了学生言说中的重要信息，从而误解或片面理解了学生的话语意义，更不用说理解对方的言外之意了。这种“听”在课堂中常常表现为“误听”。如在“100 以内数的复习”一课中，教师呈现这样一个问题：改变 36 的一个数字，让它变成双数。一名学生这样回答：“把 30 变成 20。”教师说：“题中要求只改变一个数字，他把两个数字都改变了，对吗？”在教师的引导下，不少学生附和：“不对！ 不对！”只有少数支持者在下面小声说：“26！ 26！”回答者不悦地低着头。正是由于教师的“误听”，造成对学生本意的曲解。站在儿童的视角，用儿童的话语系统分析问题，不难发现：由于对位值原则的大量感性经验的积累，儿童看到“36”，头脑中首先反映的不是“3”和“6”，而是“30”和“6”，思考个位不变而把十位上的“3”变成“2”时，也就想成把“30”变成“20”。而表达时学生不会像成人那样先组织起严密的语言再表达思维内容，脱口说出的“把 30 变成 20”恰恰暴露出其真实的思维过程。[②] 在这个案例中，教师由于没能握学生的内部言语过程，没有理解学生言表达背后的思维实质，形成错听。积极关注的听是教师在倾听中给予学生无条件的、真诚的关注，通过目光、神情和姿态等，让学生感受到教师对自己的关注。

认知层面的“听”，指教师自身的认知对课堂倾听产生的影响，表现为强加的听、接受的听和建构的听三种情况。强加的听，是指教师在倾听的过程中将学生言说的内容归纳到自己的概念分类系统之中，用自己的体系来理解学生的谈话，并很快对学生叙说的内容做出自己的价值判断。这种方式的“听”容易出现先入为主的错误，用自己的主观判断取代学生的真正意思，形成“误判”。接受的听，指教师在主动接受和捕捉学生谈话内容的同时，从学生的立场、角度来理解他们所建构的意义。建构的听，指教师在倾听时积极与学生进行平等交流，在反省自己“倾听”的基础上，与学生共同建构出

---

① 陈向明：《教育研究中访谈的倾听技（艺）术》，载《教育理论与实践》，1998 年第 4 期。

② 汤卫红：《教师的倾听智慧》，载《教育科学论坛》，2011 年第 11 期。

对主题的理解。建构的听是一种理想的倾听方式，它不仅需要教师善于自我反思与批判，也需要建立在“接受的听”的基础之上。

情感层面的“听”，指教师是否在倾听中投入了情感。根据情感投入的状况，可以分为无感情的听、有感情的听和共情的听。无感情的听是指教师在倾听中没有感情投入。有感情的听指教师在倾听中投入了情感，如对学生言说的尊重，对学生情绪的接纳等。共情的听是指教师在倾听中与学生在情感上进行共鸣共振。

教师的课堂倾听是上述三个层面的综合体。很多教师在课堂中因不能正确倾听，无法准确把握学生学习的实际状况，因而无法及时调整教学进程。究其原因，既与传统的教育教学文化有关，如教师中心论、知识中心论等，也与教师缺乏必要的倾听技巧有关。那么，在课堂教学中，教师如何才能做到有效倾听，并在倾听中加深对学生的了解，诊断学生的学习情况，为继续执行或改进自己的课堂教学做准备呢？

第一，教师要明确倾听的重要意义。教学的主要职责之一在于交流，在交流过程中，一个人既是说话者又是听话者，这两方面的能力是互相联系的，且同样重要。倾听学生的叙说是教师的道德责任，是国际教育发展的共同趋势。美国哈佛大学教育研究院教授爱莉诺·达克沃斯(Eleanor Duckworth)就主张，“倾听儿童的想法是一种好的教学方式”，“去倾听学习者，并让我们的学习者告诉我们他们的思想”。日本佐藤学教授在《静悄悄的革命》中也指出：“我们应当追求的不是发言热闹的教室，而是用心地相互倾听的教室。”教师只有明确了课堂倾听的重要性，才会愿意去、主动去倾听学生的叙说。

倾听对教师的专业发展具有重要意义。美国学者列文(D. M. Levin)说：“当我倾听自己，听我的话，我的语声时，我也能倾听他人，我在我之内倾听他人。反过来，当我倾听他人时，我也能倾听自己，我在我的世界的他人之中，并通过他们倾听自己。我们彼此共鸣应和。”人正是在相互倾听中认识了自己，理解了自己。一项关于卓越教师品性的研究表明：卓越教师的品性有三种类型，即积极性、认知技巧和人际交往技巧，其中人际交往技巧包括客观性、积极倾听、默契和共感。也就是说，倾听是卓越教师必备的素质。倾听还是课堂教学民主的体现，是非常重要的教学策略，也是教师需要具备的专业素养。倾听学生不仅让教师了解了学生，也能够让教师了解自己教学中的不足，并能够从学生那里获得知识和智慧的启迪。

倾听对学生的成长也具有重要意义。倾听是“一种主动的听，这种主动性在倾听与精神生命的发展之间建立起实质性的联系。通过倾听，教师领悟到学生是生命的存在。这意味着作为倾听者不仅是旁观者，而且是行动者、创造者。教师将通过倾听去参与学生的成长、参与创造学生的声音”。[①] 教师对学生的倾听，意味着教师改变了传统的说教式、灌输式教学方式，为学生理解、认知提供了理性思考的空间，改变了学生被动学习的状况，这是对学生主体地位的确认和尊重。教师对学生的倾听，不仅是倾听学生话语的内容，更是师生双方彼此心灵的敞开，是理智的投入和情感的关怀。“教育中的倾听，即是对人的思想与体验、教育中的事务与事件、教育环境中的事物与现象等专注、关心与投入。这既包括对被倾听者关心、悦纳的态度，又包括理智的投入、理解与研究。在此过程中倾听着的各方彼此交融。”[②]教师对学生的倾听，意味着教师对学生精神成长的关注。教学是师生共度的生命历程，每个学生以完整的生命个体状态存在于课堂生活中，他们不仅是教学的对象、学习的主体，更是课堂生活的共同创造者。

第二，教师要理解倾听的本真内涵。倾听首先表现为一种观念，一种态度。从观念的角度看，倾听最重要的特质是尊重、共情与真诚。理解了倾听的本真内涵，教师不仅愿意主动去倾听学生，而且能够创设良好的氛围，为倾听学生真实的言说提供条件。

尊重学生的话语权，让学生享有充分言说的时间、空间和氛围，是教师进行有效倾听的基础。尊重意味着完整地接纳对方的优点和积极情感，也意味着完整地接纳对方的缺点和消极情感，是对对方人格、价值观、权益等方面无条件的接纳、关注和爱护。列文还指出：“倾听他人讲话就是站在他人的位置上了解世界的真像，倾听就是变换位置、角色和体验。拒绝这个转换性就是拒绝倾听他人的观点。”也就是说，教师在倾听中要善于变换不同的视角来认识世界、理解世界。有了尊重，教师就会换位思考，尝试从学生的视角来看到问题，这样教师的倾听就不会成为偏听，不会只听得见自己愿意听的，而是敞开自己去接纳学生所表达的任何观点。有了尊重，教师的倾听就不会成为顺听。无条件地尊重、接纳学生，并不意味着教师放弃自己的观点和主张。教师的倾听是与思考结合在一起的，是心、脑等参与的复杂的思维加工过程。教师在倾听学生话语的同时，需要进行思考并借助于听的记忆力、想象力、选择力等正确理解接收到的信息的真实含义。只有无条件的倾听而不是偏听，教师才能深入了解课堂学情，也只有无条件的倾听而不是顺听，教师才能把握教学的走向，而不至于使课堂放任自流。

---

① 李政涛：《倾听着的教育——论教师对学生的倾听》，载《教育理论与实践》，2001 年第 7 期。

② 张华：《走向“倾听”教育学》，载《全球教育展望》，2010 年第 10 期。

共情的概念自出现以来即受到哲学、社会学、心理学等学科的广泛关注。早在19世纪中叶，德国哲学家劳伯特·费肖尔(R. Vischer)就对"共情"一词作了诠释："人们把自己真实的心灵感受主动地投射到自己所看到的事物上的一种现象。"19世纪末20世纪初，德国的一位心理学家、美学家立普斯(T. Lips)指出，人们正是通过"共情"的方式来了解对方，并且做出反应的。美国人本主义心理学家罗杰斯对"共情"进行了进一步阐释，并发展成为心理咨询与治疗中的重要概念，成为倾听的重要品质之一。

罗杰斯认为，倾听的目的是要进入他人的知觉世界，而不是把他人嵌入自己的知觉世界。这句话揭示了共情的实质，即个体体验他人内心精神世界的能力。教师的共情与具有共情特点的师生关系一直受到国外共情研究者、教育家与心理学家的关注。他们对教师共情的定义、教师共情的测量、教师共情对学生学业和社会化发展的重要影响、教师共情的现状与特点、教师共情的培训等方面进行了广泛的研究。其中，教师共情指教师真正从学生的立场出发考虑问题，能对学生的感受与想法进行设身处地的体会与思考，从而调节自己的教学，以更合适的方式引导学生在学业和情感各方面的成长。① 这些研究都证明，教师共情有利于创设良好的课堂氛围，改善学生的学习态度，激发学习动机，促进学生的社会化发展。国内也有研究者指出，共情是教师专业素养中最为重要的辅导能力。②

真诚是人际交往中主体表现出的一种态度或品性。课堂倾听中的真诚，是指教师以真实的自我呈现在学生面前。佐藤学说："没有学会倾听的教师，就没有学会倾听的学生；哪个教室里有不会倾听的学生，一定有不会倾听的教师。要想让学生学会倾听，教师首先要懂得倾听学生，除此之外再也无法找到其他更好的办法了。"教师的真诚不仅为学生提供一个温暖的气氛，同时也为学生树立了一个良好的榜样，在这种氛围中学生敢于坦露自己的软弱、过错或隐私，以真实的"自我"与教师进行交流。

第三，教师要明确倾听的内容。教师明确倾听什么，可以防止教师课堂倾听的泛化，提高课堂倾听的针对性和实效性。教师需要倾听学生的需求，通过倾听理解并应答学生藏于内心的需求；倾听学生的情感，捕捉学生发出的各种声音表达的喜怒哀乐，把握学生的情感动向和情感状态，适时地加以引导；倾听学生的思想，从学生发表的各类见解中发现学生思想的闪光点，并加以引导和鼓励，让学生体验到自身的价值；倾听

① 蔡颖、戎幸：《国外教师共情的研究综述》，载《中国电力教育》，2009年第13期。

② 申继亮、孙炳海：《教师的教学关爱：涵义及其作用》，载《中国教师》，2008年第15期。

学生的反馈，特别是对课堂教学的反馈，以便及时了解学生对知识的掌握情况，并以此来调整教学内容和教学进度。

第四，教师要掌握必要的倾听技巧。倾听既是一种观念，又是一种技术。倾听的技术可以分为言语性反应和非言语性反应两种，这两者是相互联系的。教师在倾听学生的过程中，综合运用这两种方式，能更有效地鼓励、引导学生大胆进行交流，在学生充分展示自我的同时，了解学生的学习情况。

课堂倾听中教师的言语性反应，指教师运用一些倾听用语，表明教师的态度，并将学生的表达引向深层。教学中不存在纯粹的“没有述说的倾听”，也不存在“没有倾听的述说”，述说和倾听紧密结合，才能发挥彼此的作用。在倾听中加入一定的述说，使教师的倾听成为介入型倾听，包括四种：一是封闭性询问，通常使用“是不是”、“对不对”等词，而回答也是用“是”、“否”。这种询问常用来澄清事实，获取重点，缩小讨论范围，或当对方偏离话题时，用来适当地中止其叙述；二是开放性询问，通常用“什么”、“为什么”、“如何”等词来发问，让对方就有关问题进行详细的阐明；三是鼓励，直接重复对方的话，或仅用如“嗯”、“讲下去”、“还有吗”等词语，来强化、鼓励对方继续解释和澄清；四是概述，把对方的言语和非言语行为综合整理后，用提纲的形式再反馈给对方。①

课堂倾听中教师的非言语性反应，指教师借助相应的体态语向学生传递“我正在倾听”的信息。如目光接触。眼睛是心灵的窗户，具有十分重要的教育隐喻。德国社会学家齐美尔(G. Simmel)就认为，眼睛具有相互性。眼睛在向对方展示自己内心世界的同时，也在解读对方的心灵世界。传统的课堂教学充斥着“视觉中心主义”和教师的“视觉霸权”，师生之间的关系演变成一种“看”与“被看”、“规训”与“被规训”的关系。教师作为制度高位者，具有学生所无法具备的“凝视特权”，教师的讲台不仅位于学生“秧田式”的座位的正中央，且总要高出学生的地面一个台阶，这种空间布局充斥着控制的倾向，阻止了师生之间的平等交流。② 在倾听中，教师真诚地注视对方，可以向学生表明自己正在集中注意力，以及自己对学生的尊重。但是，教师应该避免长时间盯视，适当地转移视线，再继续目光接触，间隔循环地与学生进行目光交流。再如，适当的动作与表情、善意的微笑、肯定性点头与手势等，不仅向学生传递教师正在用心倾

---

① 张建卫：《构建倾听文化》，载《中国青年研究》，1999 年第 1 期。
② 王海英：《“凝视”与“倾听”》，载《教育理论与实践》，2005 年第 11 期。

听，也表明教师对学生的鼓励与赞赏。

特级教师周一贯强调："教师与学生课堂沟通的纽带和桥梁是师生之间的相互倾听与对话，而关键在教师的耐心倾听。"在倾听过程中教师要给予学生充分叙说的时间，让学生完整地叙说，才能正确理解学生叙说的内容与意义，这是教师耐心倾听的表现。例如，《坐井观天》一文快学完时，语文老师让学生展开想象的翅膀，以"青蛙跳出井口了"为题说几句话。学生们一个接一个地讲着，内容不是"外面的世界很精彩"，便是"青蛙真正感到了自己见识少"。这时一个学生说："青蛙从井里跳出来，到外面看了看，觉得还是井里好，又跳回井里。"话音刚落，同学们便捧腹大笑。老师还算幽默，也随口说道"我看你就是一只青蛙，坐井观天"。按照一般的理解，井底之蛙以前孤陋寡闻，一旦出得井来就可以见多识广，当然不会再回去了。这也是课文的应有之义。现在，这位学生居然要井底之蛙回井里去，实在有些"离题"。在课后的作业中，教师看到了这位同学续写的故事：青蛙跳出井后，它来到一条河边，累了想喝水。突然，它听到一声大吼："不要喝水，水里有毒！"果然，水上飘着不少死鱼。它抬头一看，原来不远处有一只老青蛙在对它说话。它刚要说声谢谢，就听到一声惨叫，一柄钢叉刺穿了那只老青蛙的身子。青蛙吓呆了，这外面的世界太可怕了，它急忙赶回去，又跳到了井里。还是井里好，井里安全啊！看到学生的写作，语文老师的心被震撼了，让青蛙跳回井里又有什么不好，可自己在课堂中却没有给他一个发表观点的机会。[①] 这位老师从最初的随意、幽默到"心被震撼"，很好地说明了他真切地感到了倾听之必要，而这件事情产生的根源就在于教师没有倾听的耐心。新课标认为，学生对材料的反应是多元的，要尊重学生在学习过程中的独特体验。这就要求教师要能够学会完整的、有耐心的倾听。

另一位教师在上《观察我们的身体》一课时，给了学生充分的时间进行交流汇报。学生说，"我观察皮肤上大多有汗毛，而手掌心没有汗毛"，"我知道肌肉里还有骨头，头部的骨感觉像个瓢形，胸部、背部的骨头大多是横着的"，"皮肤比较白，我的同桌比较黑"，"有时候皮肤上会沾脏东西，我想它能保护肌肉"，"我发现腿中的骨比较细也比较长"等。面对学生不同的发言，教师始终耐心倾听，并仔细分析，发现同样是对骨的探究，有的小组是用测量的方法获取数据，得出骨的长度是不同的；有的小组是用摸的方法比较身体各部分骨的形状，结果也是不同的；同样是摸的方法，有的小组发现脊椎骨

---

① 傅道春、齐晓东编著：《新课程中教学技能的变化》，首都师范大学出版社 2003 年版，第 29—30 页。

是由许多骨排成一串构成的，有的小组发现肋骨是一根一根的。[①] 与“井底之蛙”案例不同的是，这位教师是一位敏感又耐心的倾听者。

教师还要善于正确引导学生。倾听的目的是对话，只有将倾听与对话结合起来，在对话中对学生进行引导，才能使倾听深入下去。一位青年教师在教学唐代杜甫的诗《自京赴奉先县咏怀五百字》时，按照参考书中的解释引导学生分析诗中名句“朱门酒肉臭，路有冻死骨”：豪门贵族家里的酒肉吃也吃不完，都放臭了，而道路上却暴露着冻饿而死的穷人的白骨，以此说明剥削阶级统治的社会里贫富悬殊的情况。教师的教学是开放的，学生既能动脑又敢开口，因此有学生提出教师的解释不合理，道理有二：其一，从诗句判断是冬天，既然能把人冻死，那么肉就不会发臭，怎么能闻到臭味呢？其二，封建社会生产力发展的总体水平是比较低的，说豪门贵族家里的酒肉多得发臭也不符合当时的社会实际。学生说得有理有据，教师也为学生的意见所动，便在课后翻检了词典，发现“臭”是多音字，还读“xiù”，意思同“嗅”，即用鼻子辨别气味。教师想：那么诗句“朱门酒肉臭，路有冻死骨”解释为“大户人家的酒肉香味不停地飘出来（可以嗅到），而路上却有贫穷人家冻饿致死的尸骨”，以此表明两大阶级截然不同的处境，反映了封建社会的阶级实质，不就解决了学生提出的问题了吗？用这种解释反馈给学生，学生听了教师的新解表示赞同。

在这个案例中，教师真诚、耐心地倾听了学生的发言，接受了学生的质疑。但是，教师对于学生的引导是否合理呢？首先，诗句前后明显是对比的写法，通过贫富差别的鲜明对比，反映了封建社会两大阶级的生活处境，也表现了诗人杜甫对劳动人民的无比同情。“大户人家的酒肉香味不停地飘出来，路上却有贫穷人家冻饿而死的尸骨”的解释很明显削弱了原诗的这种对比，而“酒肉臭”——物质多得享用不完，与“冻死骨”——缺少生活最基本的条件“衣”与“食”才形成了鲜明的对比。其次，诗句前后对比带有夸张成分，通过夸张来说明问题，就如同“腰缠万贯”说明钱多，“千斤重担”说明责任重大一样，不能简单理解为“写实”。诗句通过夸张的手法说明地主富豪的生活奢靡和“路有冻死骨”的穷人的饥寒交加形成贫与富的对比，若去探究是冬天还是夏天，肉会不会发臭就脱离了诗的原意。第三，每个社会的生产力水平高低是相对而言的，总有一部分人或盘剥或合法致富，因此一个阶层“酒肉臭”，财富用之不尽，另一阶层却因缺衣少食冻饿而死的现象发生在封建社会是不足为怪的，把贫富悬殊与生产力水平

① 孙景杰：《走出三大“倾听”误区》，载《中国教师报》，2003 年 3 月 5 日。

放在一起比较，是对生产力水平的误读。① 综上所述，尽管这位教师倾听学生的行为符合新课程理念，但教师同时还是学生学习的引导者，在倾听学生的同时给予指导，毕竟课堂倾听不仅仅是教学原则，也是实现教学目的的重要策略。否则，教师的倾听不仅误导了学生，“倾听”以及由此折射的教育理念也失去了应有的方向。

第三节 课堂对话与学情分析

对话与教学的关系十分密切，德国学者克林伯格(L. Klingberg)指出：“在所有的教学中，进行着最广义的‘对话’。……不管哪一种教学方式占支配地位，这种相互作用的对话是优秀教师的一种本质性的标识。”教学即是对话，没有对话就没有教学。对话教学有着悠久的历史，中国古代的孔子就倡导对话教学，古希腊的苏格拉底也是，他的“产婆术”对后世的教学有着深远影响。

课堂教学对话包括师生对话、生生对话和生本对话等形式，是当前课堂教学改革的重要走向。《语文课程标准》明确指出，“语文教学应在师生平等对话的过程中进行”。对话教学重在“对话”。什么是对话？美国学者布伯斯(N. C. Burbules)认为有两种对话观：一种是“目的论”，将“对话”作为获取知识的途径，这种对话具有明确的、预设的目的。另一种是“非目的论”，这种观点注重的不是引导学生获得一致的和毫无疑问的结论，而在于启发和相互交流的过程。在课堂教学中，对话具有方法和原则双重性质，是“目的论”和“非目的论”的整合。对话作为方法，是为了提高课堂教学效率，使学生更好地接受和理解学习内容并建构自己的意义世界，这是由教学是一种有目的的活动规定的。对话也是一种原则，它对课堂教学中师生地位、关系等的重新定义，实现了“结交伙伴”(同他者对话)和“探求自我”(同自身对话)的统一。

课堂对话在形式上表现为“提问”、“要求”、“评价”、“答复”四类。② 有论者认为，

① 鲍大宏：《既要真诚倾听，更要正确引导》，载《青海师专学报》(教育科学)，2007年第5—6期。

② 吴康宁等：《教师课堂角色类型研究》，载《教育研究与实验》，1994年第4期。

可以把“提问”、“答复”归并为“问答”，“要求”、“评价”归并为“交谈”，通过这两类话语形式的考察和比较，能够说明课堂教学中主要言说行为是什么，师生各自运用了怎样的言说方式。① 课堂对话既有一般意义上对话的特征，也有其特殊性。“在一般对话中不了解的人向了解的人打听，而在教学对话中是了解的人向不了解的人打听。另外，在一般对话中，对于提问的应答添加了感谢的词汇，但在教学对话中，对于提问的应答添加了评价的词汇。”②“教学中的对话是以教师指导为其特征的，也就是说，教师制定对话的目标与计划，为引导学生发展智力与德性提供一定的方向。”③教师通过课堂对话，不仅能够推进教学，同时在对话的过程中也能够了解和顺应学生的学情。

有效问题是课堂对话的前提。“‘对话’须有话题，构成‘对话’的话题即问题。”④课堂中的对话主要言语形式是问答，尽管课堂上除了问答外也有交谈，但相比之下问答语远远多于交谈语。西方学者史蒂文斯、贝拉克和霍克尔等人研究发现，整个课堂对话的60%—80%是提问、回答问题、教师对回答进行评议。可以说问题是对话教学的基础，课堂提问在课堂对话中占据着非常重要的地位，教师正是通过提问在与学生的互动中获得学生认知、思维、兴趣等方面的真实情况。因此，一堂课的对话质量高低很大程度上取决于课堂提问的有效性，没有好问题，课堂教学就无法真正触及学生的心灵和思维，教师也就无法真正了解学生在课堂学者中的真实学情。

关于教师的课堂提问，存在着两种相反的“悖论”。一方面，很多调查都显示，教师很喜欢在课堂教学中向学生提问，一节课可以提出近百个问题，平均不到半分钟就向学生提出一个问题，可谓是“满堂问”，这说明教师是十分重视课堂提问的。但另一方面，教师对于课堂提问的有效性，却又缺乏深度思考。在一次市级教学能手的上课比赛后，有评委曾对参赛的八位选手问过同样的一个问题：“你这一课，课堂提问是否动脑筋设计？你认为这课最精彩的课堂提问是什么？”只有三位参赛教师能够具体说出自己课堂提问设计的意图，其余选手都回答是课堂上随机提问的。⑤

课堂提问的有效性可以从问题的地位、问题的特征和问题的提出三个方面进行衡量。问题的地位是指教师对提问在课堂中的作用和重要性的认识。日本著名教育家

① 黄伟：《教学对话中的师生话语权》，载《教育研究与实验》，2009年第6期。

② 佐藤学著，钟启泉译：《课程与教师》，教育科学出版社2003年版，第350页。

③ 佐藤正夫著，钟启泉译：《教学原理》，教育科学出版社2001年版，第311页。

④ 方武：《“对话”型课堂形态分析》，载《华东师范大学学报》(教育科学版)，2004年第2期。

⑤ 张耀奇：《有效课堂提问的基本条件分析》，载《全球教育展望》，2010年第6期。

斋藤喜博认为提问是“教学的生命”，美国教学法专家斯特林·G·卡尔汉认为，提问是教师促进学生思维、评价教学效果以及推动学生实现预期目标的基本控制手段，甚至有人认为课堂提问是有效教学的核心。尽管许多教师在课堂中对提出的问题缺乏思考，但是对于提问的重要性，教师们普遍都有共识。

问题的特征是对问题本质的把握。在课堂教学中，教师提问从数量上看不可谓不多，但是如果我们仔细分析这些问题，就会发现很多问题其实都是假问题。尼采说：“我为什么比别人聪明？因为我从来不去思考那些不是真问题的问题。”可见假问题危害不小。假问题不仅包括“好不好”、“是不是”、“对不对”等口头禅式的伪提问，也包括那些半真半假的问题、人为制造的问题、草草了事的问题等。这些问题共同的特征是，问题简单或者仅仅停留在知识与技能的层面，而没有关注学生学习的过程与方法，更不用说学生的情感、态度与价值观了。所谓半真半假的问题，是指问题的水平层次低，不利于激发学生高层次思维。调查显示，教师课堂提问主要流弊之一就是问题的认知层次太低，学生基本不用思考也能得到答案。① 人为制造的问题是指教师的发问并不是学生真正的疑问所在，如一位教师在教《项链》一文时，向学生提问：“玛蒂尔德丢失项链这件事是偶然的还是必然的？”其实世界上的很多事情既有偶然性又有必然性，这个问题全无必要。又如有位教师在教《我与地坛》时向学生提问：“文中作者说‘我真是多么希望我的母亲还活着’，他为什么有这种想法？”实际上，没有哪位子女会希望自己的父母不长寿。

草草了事的问题是指课堂提问没有给学生留下足够的思考时间，因此问题难以深入，无法达到应有的目标。弗兰德斯的经典研究表明，课堂教学的时间平均三分之二被用于话语，而其中的三分之二又被用于教师的话语。这样，在 45 分钟的上课时间里，学生的话语时间只有 10 分钟，在 30 人的班级里，每人平均只有 20 秒，更不用说大班教学了。因此，很多课堂提问都无法让学生充足思考和表达，都是在仓促之中结束，甚至有教师将“满堂问”误认为就是课堂对话，曲解了对话教学的本质属性，限制了对话教学的功能。

下面的案例②，是一位语文教师在执教人教版《语文》八年级（上）《台阶》时的对话

① 祝新华：《阅读教学课堂提问设计：普遍存在的问题与改进策略》，载《课程·教法·教法》，2009 年第 10 期。

② 参见肖正德：《中小学课堂对话教学的偏误与匡正》，载《中国教育学刊》，2010 年第 6 期。

情景，不仅展示了课堂对话“满堂问”的弊病，也反映了课堂对话中“假问题”的“横行”。

师：父亲为什么要造台阶？

生：台阶高，屋主人的地位就相应高。父亲造台阶目的是为了提高地位，做一个有地位的人。

师：课文在哪里是写父亲为什么要造台阶？

生：第8自然段。

师：父亲想造台阶吗？

生：想。

师：为了造台阶，父亲做了哪些准备工作？

生：准备工作是十分漫长的。他今天从地里捡回一块砖，明天可能又捡进一片瓦，再就是往一个黑瓦罐里塞角票。

师：还有吗？

生：一年中他七个月种田，四个月去山里砍柴，半个月在大溪滩上捡屋基卵石……

师：父亲准备了多长时间？

生：准备了大半辈子。

师：课文哪些地方是写新屋？

生：17自然段。

师：为什么造新屋写得这么少，造台阶写得这么多？

生：因为题目就是《台阶》。

师：父亲是怎样造台阶的？

生：踏黄泥、砌石……

师：你觉得父亲这样做，辛苦吗？

生：辛苦！

师：辛苦值得吗？

生：值得。

师：“新台阶砌好了”，为什么父亲反而处处感到“不对劲”了？

生：26—27自然段。

师：造好台阶后，父亲结果怎样了？

生:人老身垮。

……

分析哲学家伽达默尔(H. G. Gadamer)对真正的问题与虚假的问题进行了区分。真正的问题和虚假的问题区分的依据是问题的开放性本质。他认为真正的问题是指具有开放性的问题,答案可能有很多种,而不是固定统一的,这些问题答案的多种可能性给予了被提问者回答问题的敞开性;虚假的问题指不具有开放性的问题,它只有一个相对明确或正确的答案,这在一定程度上限制了被提问者的回答。具体到教学中,美国学者博瑞德格斯(David Bridges)认为以下提问方式能够促进课堂提问的开放性:教师要询问某人为什么坚持某一特定观点;询问一个观点是如何从另一观点中引发而来的;询问某种观点与探讨的论题的相关性;询问可能的替代观点是什么;要求进一步阐释、解释,要求更准确,提供更多的证据、理由或论据;寻求更系统化的信息,对于不同观点的倾听,更具有想象力、开放性的猜测,愿意调整自己的观点;鼓励有条理性、理智性和对不同观点的尊重。

真正的问题还具有方向性。伽达默尔认为,"问题的本质包含:问题具有某种意义。但是,意义是指方向的意义"。这为课堂对话指明了方向和目的。只有将问题的开放性与方向性结合起来才是真问题,才能成为课堂对话的基础。

问题的提出即如何提问,也就是课堂提问的技能、策略等。这里最主要的有三点,一是教师何时提出何种问题最为合适,及提问时机;二是教师要在提问的基础上善于追问;三是课堂提问要基于文本。提问时机的把握,即要提问于学生的疑惑处、学生新旧知识的联系处、教学环节的关键处、学生思维的转折处等。教师提出了问题,还要善于追问。追问是学生在回答教师的提问后,教师根据学生回答的情况有针对性地"二度提问",追问具有激活思维、纠偏释疑和拓展延伸等功能,它是教师教学智慧和教学艺术的体现,是对学生发展的关注。课堂提问要基于文本,因为课堂提问是在特定的场景中针对特定的对象提出的,任何漫无边际或信口开河的问题同样不是真问题,这就涉及问题的方向性。基于文本,意味着教师对教材的充分解读,并变"教教材"为"用教材",这在上一章中已经进行过论述。例如,在小学语文《惊弓之鸟》的教学中,教师问学生如果魏王不用箭只拉一下弓,能不能把大雁射下来?对于教师的提问,学生们进行了讨论,有的认为不能,因为魏王不善于射箭,有的认为能,因为大雁受过箭伤,受不了惊吓。实际上,这篇文章讲述魏国有名的射箭能手更羸不用搭箭只需拉弓,便使天上飞过的一只大雁掉下来的故事，重点是突出更赢的善于观察、善于思考的能力。但是教师的提问偏离了文本的主题，转移了教学的重点，虽然学生的讨论不能不说激烈，但这样的课堂对话指体现了对话的原则性，却忽视了对话的目的性，不可能取得良好的教学效果。

在新课程背景下，人们对于师生关系、教学本质、学习过程等都有了全新的认识，人们从关注学习结果到同时关注学习过程，从关注教材内容的组织设计到关注学习过程的交互活动，从关注初级的知识获得表层性的知识理解和记忆、简单化的问题解决到关注高级的知识获得深层理解、高级思维、实际问题解决，从关注知识技能的记忆保持到关注学习在不同情境中广泛灵活的迁移，从关注以学科知识为中心的学习到关注以问题为中心的学习，从关注外部管理到关注学习者的自我引导式学习、自我调节性学习，等等。这些转变要求我们用新的视角来审视、评价教师的课堂提问技巧与策略：(1)问题质量。取决于课堂提问是否顺应学生的"最近发展区"，是否符合学生的认知规律，是否能展示知识的内在联系，是否有针对性，是否能激发学生对问题的兴趣。(2)反馈调控。是指提问是否及时，措施是否得当。(3)能力培养。即对学生对于问题思考的引导、启发如何，是否给学生的不同见解留有一定的空间。(4)关注学生。则指对来自学生的问题的理解如何，对来自学生的有效问题是否进行了再组织利用。(5)组织能力。应注重课堂气氛是否活跃，是否紧张有序，是否面对所有学生。①

民主平等是课堂对话的保障。有了高质量的问题，是不是就有了高质量的课堂对话呢？高质量的问题只是为师生提供了一个良好的对话基础，但是对话能否深入，学生能否在对话中尽情表达和展示自我，享受思想"遨游"的快乐，还与师生关系及课堂学氛围密切相关。

民主、平等与对话是21世纪师生关系的核心，是对话的基础。"民主、平等是对话教学中的第一法则，没有民主与平等，师生之间是无法对话的。"②民主与平等包括知与情两方面，知与情二者的统一构成师生双方各自完整的人格。从知的角度看，教师与学生只是知识的先知者与后知者的关系，二者并不存在尊卑关系，教师不应以知识的权威者自居，并因此而对学生存有偏见或歧视，这样会造成师生关系的对立；从情的角度看，学生与教师一样，在人格上是独立的，每一个学生都有着自己丰富的内心世界

---

① 鲁献蓉：《对新的课程改革背景下课堂提问技能的思考》，载《课程・教材・教法》，2002年第10期。
② 刘庆昌：《对话教学初论》，载《教育研究》，2001年第11期。

和独特的情感表达方式，都需要教师的理解和尊重。[①] 在课堂教学中，民主、平等外显表现为师生关系的平等，学生由学习对象成为学习主体，意味着师生人格和权利的平等，意味着教学真正成为师生共同参与的过程，意味着课堂教学是师生自由表达的过程；民主、平等内在表现为师生心灵、情感的相互敞开和彼此接纳。

"这个问题谁能回答?"教师的话音刚落，一些或许多学生便举起手，然后教师点名，学生回答，这是中小学课堂教学中的一个场景。然而有所学校实行"无需举手，自由发言"后，老师们仍然这样问:"这个问题谁能回答?"但学生已不必再由教师"钦点"，常常是教师一发问，便有十多个学生同时站起来抢着发言。而且现在教师也不用为评判学生回答的"对"或"错"而大费周章，学生们大多会在相互讨论、争论中得出比较正确的答案。一些原先沉默寡言的学生也会受到气氛的感染，情不自禁地站起来发表意见，在冲破心理的束缚后，他们便能集中心思体会上课的乐趣。学生们将此举称为"思维的解放"。[②]

上述案例中，"无需举手，自由发言"表面是课堂教学方式的改革，但本质却是师生关系的变化，以及由此产生的课堂自由、平等氛围。一些教师虽然也努力建立起民主、平等、自由的课堂，他们愿意给予学生更多的自由和权利，但不能真正从心理上完全接纳学生所有的行为和表现，将民主与平等的知与情割裂开来。这在课堂教学中主要表现为四个方面：

第一种情况是在对话过程中，教师始终掌控着学生的思维，掌控着教学的进程。

教师(打开自然教室前面的水龙头，用玻璃杯接了一杯水)：同学们，玻璃杯中装的是什么？

学生：水。

教师：很好。今天我们这节课要研究的问题就是水在加热过程中温度变化的规律。(教师板书：水在加热过程中温度变化规律的探究)

---

① 徐洁:《民主、平等、对话:21世纪师生关系的理性构想》,载《教育理论与实践》,2000年第12期。

② 林存华等:《"无需举手,自由发言"》,载《上海教育科研》,2002年第2期。

教师:接下来,就请同学们来研究一下,水在加热过程中温度的变化有什么规律。首先,我要问问大家,用什么测量水的温度呀?

学生:温度计。

教师:对,用温度计。请同学们回忆一下,温度计的使用有几条注意事项?现在,我们就用温度计来测一测一杯水在加热过程中,水的温度是怎样变化的?同学们,温度计的使用有几条注意事项,同学们回忆一下。(略)

教师:接下来老师要请每个小组都来探究一下。酒精灯的使用规范我们也已经学过,同学们一定要注意。(略)

教师:我先讲一下实验操作的过程、方法及注意事项。第一,测量时每隔5分钟记录一次。第二,把测量的数据填在空白表格内(教师展示了一下)。第三,根据表格中的数据,在二维表格(教师展示此表)中标出相应的点。……好,现在各小组清点实验器材,开始准备实验。注意,请严格按照老师规定的步骤和要求来开展探究活动!

学生开始按照教师的要求操作实验。教师巡视,发现与刚才要求不一致、不规范的地方就指出来,要求学生改正。学生经过实验和数据分析,得出结论。①

我们再来看看下面案例所呈现的美国课堂教学提问的情形,来品析中美课堂的差异。

教师:关于震动,我们现在知道些什么?

学生A:如果要制造出声音,某个东西就必须震动。

教师:你认为"震动"是什么意思?

学生A:是移动。

教师:是什么样的移动?

学生A:制造噪音的东西移动。

教师:好的,"震动"意味着"移动"。

学生B:A说,如果要制造出声音,某个东西就必须震动。不是所有的东

---

① 转引自任长松:《探究式学习:学生知识的自主建构》,载《课程·教材·教法》,2004年第1期。

西都必须震动才会制造出声音。

教师:不是所有的东西都必须震动才会制造出声音吗?

学生 B:是的。

教师:能举例说明制造出声音的东西不震动吗?

学生 C:当你踏脚的时候,你的脚就会产生震动。

教师:你之所以不同意 B 的观点,因为你认为震动是可以感觉到的。

学生 C:震动是能感觉到的东西,但你就是说不出哪里震动。

教师:关于震动你们想要知道些什么?

学生 S1:是什么产生了声音?

学生 S2:是什么使东西震动?

学生 S3:为什么一些摩擦物会发出吱吱声?

学生 S4:回声定位的距离是多远?

学生 S5:声音是怎样传播的?

学生 S6:是不是还有人类未发现的声音?

学生 S7:第一个发现声音的人是谁?①

尽管上述案例展示的只是中美中小学课堂教学中的一个片断,但是通过对比还是能够折射出中美课堂的差异。我国中小学的课堂提问的目的是"发挥教师的主导作用及调节教学进程,使课堂教学沿着预先设计的路子进行"②,也就是教师对课堂的控制。这是对民主、平等的师生关系和自由、对话的课堂心理环境的破坏。美国课堂中的提问就十分发散,学生可以在课堂提问中大胆、任意想象,有利于学生发散思维的发展。聚合思维和发散思维是人类思维两种非常重要的方式。聚合思维是从已知信息中产生逻辑结论,从现成资料中寻求正确答案的一种有方向、有条理的思维方式。发散思维是从一个目标出发,沿着各种不同的途径去思考,探求多种答案的思维,与聚合思维相对。心理学家认为,发散思维是创造性思维最主要的特点,是创造力的主要标志之一,这种思维具有流畅性、灵活性、独创性等特点。

另一种情况是在对话中,教师不能接纳那些与自己不一致的观点,没有体现出问

① 转引自阮彩霞:《中美课堂提问的比较研究》,载《江西教育科研》,2007 年第 6 期。
② 阎承利著:《教学最优化艺术》,教育科学出版社 1995 年版,第 100 页。

题的开放性。

> 在小学低年级的一节语文课上，教师正在带领学生学习《小画家》一课。该课文的主要内容是说，冬天下雪了，大雪将整个原野都覆盖起来。清晨，小鹿、小鸡等小动物们都出来了，纷纷用自己的足或爪子在雪地上画出了美丽的图画。教师在完成了教学任务以后，向学生们提了一个问题：为什么“青蛙”和“蛇”没有出来？不一会儿，有一个学生站起来回答说：“老师，因为青蛙和蛇没有毛衣服，怕冷，所以呆在家里没出来。”老师听了以后很不高兴，用非常严厉的口吻说：“不知道就不要乱说！”在让这个学生坐下以后，老师又问全班同学：“谁知道？谁能告诉大家正确的答案？”这时候教室里静极了，再也没有人起来回答。看到这种情形，老师说：“我告诉你们，青蛙和蛇是冷血动物，冬天需要‘冬眠’，所以不可能出来。这个道理等你们上初中以后就明白了。”①

真正的对话课堂，倡导的是真实、原创的声音表达，真实性是指学生内心深处的声音，原创性是指学生表达的独创性，是个性化的。上述案例中，教师的提问指向科学世界（青蛙和蛇是冷血动物，冬天需要“冬眠”），而学生的回答偏向人文世界，这种回答既符合语文学科的性质，也是学生最真实和具有原创性的声音，但这种回答与教师的期望相距甚远，不能为教师所接受，遭到教师的拒斥，这样课堂教学就失去了对话的基础，最后只能成为教师的独白（这时候教室里静极了，再也没有人起来回答）。

第三种情况是，教师不能民主、平等地对待每一位学生，课堂对话只是教师与部分学生的对话。教师的课堂提问在学业成绩、学生职务、家庭背景、课堂座位等方面都存在不公平现象。② 顾泠沅老师认为，一节课上对于同一个学生的重复提问不得超过3次，他强调的是教师的提问要针对全班同学。在民主、自由、对话的课堂中，每个学生都是学习的主体，每个学生都要参与学习的过程，也只有这样，教师才能了解到班级中不同学习层次学生的学习情况，才能整体上把握全部学生的学情。

第四种情况是只有师生之间单向的“对话”。民主、平等与对话的课堂，意味着每

---

① 石中英著：《知识转型与教育改革》，教育科学出版社2004年版，第372页。

② 洪松舟等：《中学教师课堂提问的社会学分析》，载《课程・教材・教法》，2010年第1期。

一个参与者都有言说的自由。具体到课堂中，学生也应该享有提问的权利，而不仅仅是“接受”教师的提问。在西方国家，随着“问题—发现法”的提出和广泛应用，课堂提问的主体正体现出由教师向学生转换的趋势。课堂提问主体的转换反映了当代各国对培养具有创造性和进取精神的人才的迫切要求。当前我国基础教育改革也顺应了这一潮流，提出课堂教学是师生互动、对话的过程，倡导学生主动参与、乐于探究、勤于动手，这就要求教师强化学生在课堂教学中的主体地位，赋予他们提问的权利。但是，很多教师在课堂上并不鼓励学生提问，一是怕“误事”，觉得让学生提问太浪费时间，影响教学进度；二是怕“冷场”，担心让学生提问题，时间多花在学生读书、思考上，气氛上不来，课堂就显得沉闷；三是怕“难堪”，担心学生提出的问题自己一时回答不上。

实际上，教师不仅可以通过学生的提问，激发学生的参与热情，还可以通过学生的提问了解学生的学习状态、分析问题的能力、批判性思维的发展、情感以及自我效能感，了解学生对课堂教学和理解的深入程度。学生提问是课堂参与形式中比回答问题、参与讨论等更高层次的认知参与。学生提问能够提高学生的注意力、口语表达能力、读写能力和批判思维能力，学生通过对教师讲授内容的分析、综合、领会与评价，联系先前的知识和经验，并发现问题、提出问题。这个过程反映了个体独特的思维历程，提出的问题能够体现出个体对知识的理解和领会的不同水平。心理学研究表明，思维永远是由问题或提出问题开始的，在几乎所有的思维或问题解决模型中提出问题都是思维过程的首要环节。学生的学习是一种思维过程，这种思维过程的外在表现就是产生疑惑、发现问题、提出问题，并解决问题。

生成建构是课堂对话的追求。“对话作为一种认知方式，其根本属性在于它是生产性、创造性、建设性的，而不是复制性、机械重复性的活动。”①然而很多中小学教师的课程实施还处于“忠实执行者”的层面，缺乏必要的课程意识和课程生成能力，视教科书为唯一的教学资源，过度依赖“物性”教学资源，忽视生成性教学资源。在对话教学的课堂中，学生的生成是学生的学习创造，也是学生学习效果和学情的表现，更是重要的教育资源。教师有了资源意识，才能真正理解课堂教学的生成性，尊重学生的生成，加深学生与文本的对话，促使学生建构起个体对文本的独特理解。

在“生成论”的教学观看来，课堂教学应当具有极强的现场性和随机性，学习的状态、条件等随时会发生变化，这是对学生课堂即时学情的尊重。教师在教学中需要开

---

① 夏正江著：《教育理论哲学基础的反思——关于“人”的问题》，上海教育出版社 2001 年版，第 302 页。

放地接纳始料未及的信息，针对具体的教学场境选择预设的教学方法和手段，调整预定的教学环节和步骤；应根据执行中途获得的信息不断修正和改变教学方案，或依据教学现场的实时特点而动态生成新的教学方案，使教学方案在变动中引导着教学逐步走向深入。这就是对学情的把握和顺应。

对于学生的课堂生成，教师需要从两方面去认识。一方面，学生的课堂生成毫无疑问是十分重要的，优秀的教师总是能够善于利用学生在课堂教学中的生成，推进学生的进一步学习。一位教师在上《第一朵杏花》时，课堂教学正按着教师课前预先设定好的方案有条不紊地进行着。师生双方共同欣赏“春风吹绿了柳梢，吹绿了小草，吹皱了河水，吹鼓了杏树的花苞”一段，很多同学都对“绿、皱、鼓”三个词大加赞赏，一位学生突然对教材提出自己的质疑：“第二个‘绿’不仅与前文重复，且明显是从‘春风又绿江南岸’中借来的，用‘醒’字是不是更好呢？”话音未落，教室里早已吵成一片。虽然课堂秩序大乱，但教师却敏感地意识到这“不同的声音”中蕴含着极其宝贵的教学资源，于是果断改变教学进程，变品读欣赏为探究辩论。几分钟后，全班同学逐渐形成了统一意见：用“醒”的确比用“绿”好，但句序要变，应改为“春风吹皱了河水，吹醒了小草，吹绿了柳梢，吹鼓了杏树的花苞”。[①] 在这个案例中，教师不仅让学生质疑，更重要的是教师尊重了学生的需要，及时顺应了学生的课堂学情，改变了教学预案。其结果是学生思维活了，不仅用更为有效的方式深入感悟了语言的精妙，而且在相互碰撞中迸发出智慧的火花和批判创造的热情，这样的课堂效果自然不言而喻。

但是，学生的生成并不都是合理的，有时候学生对文本的理解存在误差，由此产生的生成不仅不能表明学生对文本理解的深入和个性化，还有可能误导他人，因此需要教师进行甄别，加以指导，才能形成对文本的正确理解，进一步推进学生的学习。这种情况在语文等人文学科中尤为常见，如一位教师讲鲁迅的名篇《孔乙己》的时候，他要求学生根据自己的想象，为《孔乙己》续写一个结尾，当堂交换续写情况时，不少学生把后来的孔乙己想象成诸如一个企业的老板、一个电脑专家、一个农村的领头人等。显然，学生的生成违背了课文要表达的主旨，鲁迅写这篇文章的目的是为了抨击我国封建社会的科举制度，从学生的生成看他们并没有真正理解文章的写作目的。《虎门销烟》的教学中，老师让学生谈谈自己的感受，一名学生提出林则徐没有环保意识：“几百万斤烟渣冲入大海，会造成多严重的污染呀！”“石灰冲进大海，对海里的动植物危害更

---

① 方旭：《顺应学情也是呵护创造》，载《四川教育》，2007 年第 5 期。

大。”“虎门销烟”发生于一百多年前国家处于危急存亡的关键时刻，当时首要考虑的是国家和人民的利益，我们不应该也不能离开具体的历史，仅以今天的观点来非议以前的英雄壮举。对于上述学生的这些“生成”，教师需要加以分析，既要从中感悟到学生对文本的理解程度，找出学生出错的根源，也要适时加以指引，因为“错误”也是课堂教学的重要资源，为师生的“对话”提供了新的主题，利用得好同样可以促进学生的学习，加深学生的理解，提高课堂教学效果。

第六章
课后学情分析

课堂教学的结束,并不意味着教师对学情分析的结束。相反,教师更要重视课后对学情的分析。课后的学情分析同样是学情分析的重要环节,它既能够帮助教师对上一节课进行回顾与总结,还可以帮助教师在之后的教学中扬长避短,提高教学效果。课后教师对学情的分析比较常用的方式有两种,一种是在课后反思中分析学情,另一种是通过课后作业来分析学情。

第一节　课后反思与学情分析

教学反思被广泛地看作教师职业发展的决定因素，美国学者波斯纳(Posner)将教师的成长归纳为经验＋反思。教学反思是教师在先进教育理论的指导下，对自己教学实践不断地进行思考和总结，积极探索与解决教育实践中的问题，努力提升课堂教学的科学性、合理性，并使自己逐渐成长为专家型教师的过程。教师在专业成长中会面临许多专业问题，对这些问题的不同反应造就了教师不同的专业发展状态。有人对浙江 221 位名师进行调查，当问及“你认为教学反思有必要吗”时，62. 4%的名师认为很有必要，37. 6%的名师认为有必要。[①] 也就是说，所有的名师都认可教学反思对自己成长的重要性。

教学反思按照不同的标准可以划分为不同的类型。根据教育教学活动的内容及环节程序，可以将教学反思分为实践前反思，指向于未来教学，通过对过去经验的反思，避免未来的教学再出现相似的问题；实践中反思，指向于当前教学，反思发生在教学活动中，与教学过程同步。这种反思是直觉的、即兴的，通过反思，教师能够及时调整自己的教学策略，使教学实践更加优化。如前面章节中讲到的课堂教学中的学情分析，就是一种实践中的反思；实践后反思，指教师完成教学任务后，对已发生的教学行为进行回溯性的思考，有利于教师制定下一步的教育目标，为后继的教学活动提供条件。从教学反思的主体看，可以分为自我反思和集体反思。自我反思是教师个人着眼于自己的教育活动过程来分析自己的行为决策以及所产生的结果。集体反思是教师群体围绕共同的问题进行的讨论、经验分享和合作学习。

课后反思是教学结束后，教师以自己的教学活动为思考对象，对教学过程中的所得、所失、所感、所思进行审视和分析，总结长处与优点，找到存在的问题和解决的办法，不断完善和创新自己的教学行为，提高课堂教学质量的过程。从反思的环节程序看，课后反思是实践后反思；从反思的主体看，课后反思主要是教师的自我反思，当然

① 童富勇等：《中小学名师专业成长的影响因素分析》，载《教育发展研究》，2010 年第 2 期。

它并不排斥集体反思。

课后反思是教师教学反思最常用的方式，是对学情分析的进一步深入。在新课程里，课堂教学是动态生成的，其中产生的一些问题，有些是教师课前预设的，有些则是课堂教学情景中产生的。对于后面这些问题，有的是教师能够在教学过程中根据自己的教学经验、教学智慧等加以解决的，有的则是教师无法及时解决，或解决得不够完善，需要教师在课后加以反思、分析的。

课后反思的有效性建立在丰富的课堂教学信息之上。上课教师获取课堂教学信息的方式是多样的，如借助录像设备进行教学录像。教学录像的好处是能够记录课堂教学中的细节和过程，完整地再现课堂现场，帮助教师从多个角度进行信息提取和“再加工”。如同伴参与课堂听课，这是当前课例研究的重要形式。在传统的教研活动中，许多教师缺乏课堂听课的规范意识，往往拿着听课本和一支笔就走进课堂，至于听课过程中哪些需要重点听，哪些需要重点记录，该怎么去听和记录等，并没有经过系统的思考和设计，课后点评也只能是三言两语，草草结束，不能为执教者提供必要的、丰富的教学信息。其实，任何课堂教学都具有动态性、即时性、非连续性和社会性，这决定了课堂观察、听课的复杂性，因此在走进教室之前，教师需要准备适当的观察工具，“如果观察者不知道怎样收集资料信息，不知道找寻什么行为，以及对课堂进行分析没有一个概念框架的话，他们有可能不理解课堂行为”。①

提高课堂观察的科学性和规范性，最常用、最简便的是使用观察量表。合理设计和使用观察量表能够为科学、理性地评课、议课和教学改进，提供真实、详实的资料。近年来国内研究者开发出不少课堂观察量表，为听课教师的课堂观察提供了便利。教师在使用这些观察量表时需要注意以下问题：

一是观察量表要与观察重点相适应。“我们看到了什么，常常由我们想看到什么或准备看到什么所决定。”同伴参与的课堂观察是一种集体活动，不同教师观察的对象和视角并不一样，这决定了他们重点关注的内容存在差异，为了提高观察的效果，教师需要根据自身的需要设计或改进观察量表。

二是观察量表要与课堂类型相适应。一些学校和教师并不注重将课型的研究与观察量表的设计结合起来，在听课、评课中“一张量表打天下”，学科特征不突出，课型特点不明显，无法凸显教学的个性细节、教师的教学风格、学生的性格特点等。

---

① [美]T. L. Good 等著，陶志琼等译：《透视课堂》，中国轻工业出版社 2002 年版，第 56 页。

三是观察量表要突出学生的地位。中小学课堂教学长期以教师为中心，以知识为中心，学生无法成为上课教师关注的重点，也没有成为听课教师观察的重点。如许多教师都习惯性地选择坐在教室后面听课，这固然有出于减少影响学生学习的考虑，但更多地还是为了便于观察上课教师的教学行为。因为这种听课方式可以很好地正面观察到教师，却只能看到学生的侧面或后背，而他们观察的重点也是教师的"教"和师生之间的对话互动，记录的内容基本上是教师的教学环节与教学技巧。但在日本、美国等国家，听课者观察的焦点集中在学生的学习活动上，甚至几位观察者同时盯住一位学生看，并仔细记录学生的一举一动，每一个神情的变化，听课者侧重的是从学生的行为、心理变化来判断教师教学的有效性。

在课堂观察中，听课教师要全面观察学情，就必须以学生为观察重点，既要把握整体学生，也要关注到个别学生如学困生的行为表现和学习习得。如一所学校在组织《比的基本性质》教研活动时，共有 11 位数学老师走进课堂听课。他们有意识地坐在选择好的目标学生周边，手执量表，对教学过程进行量化数据记录和随机文字标注。其中，3 位教师进行"学生课堂学习行为"的随机观察，3 位教师进行"学困生个体"的跟踪观察，3 位教师对学生练习时间进行统计，2 位教师对全体学生进行当堂检测。[①] 这样的课堂观察不仅保证了把学生作为观察的中心，同时多位教师分工合作，确保了观察的全面性和细致性。

上述两种方法虽然可以帮助上课教师有效获取课堂信息，但是容易受外在条件的制约，特别是教师同伴参与的课堂观察难以常态化。同时，由于同伴观察属于第三者的"视角"，缺乏教学当事人的"眼光"，在一定程度上也容易引起学生甚至上课教师的心理戒备，导致课堂失真，不利于真实的、客观的课堂信息的获取。因此，上课教师在课堂教学中进行的自我观察，以及通过课堂倾听、课堂对话等获取的课堂学情，是教师课后反思最主要的信息来源。前一章已经对教师如何进行课堂观察、如何进行课堂倾听和课堂对话进行了分析。

课后调查也是教师获取课堂学情常用的方法，主要包括课后访谈、问卷调查和学生评教。课后访谈要与教师在课堂教学中捕捉到的学情信息联系起来，以确定访谈的对象和内容，加强访谈的实效性。及时的课后访谈有利于保证学生对课堂教学反馈的真实性，也可以帮助教师根据学生的反馈立即对教学进行分析和调整，并在接下来的

① 姜作新等:《以课堂观察技术推动问题探究型教学文化的建设》，载《当代教育科学》，2010 年第 10 期。

教学中加以落实。如一位教师任教六年级两个班的数学，在教学"分数乘整数"时，为了帮助学生理解分数乘整数的计算方法，他从培养学生迁移能力的角度设计教学。但在教学中，很多学生对这一内容没什么兴趣，对老师的讲解听得无精打采。下课后，这位教师找了五六个不同层次的学生了解情况，得知班里有许多学生已经知道了分数乘整数的计算方法，觉得没什么可学的。但也有个别学生由于课前对这一知识几乎一无所知，接受能力又比较弱，在听完老师的讲解后还是"一知半解"。于是，在接下来的另一个班级里，这位教师及时调整了教学策略，通过创设情境调动不同层次学生的参与兴趣和积极思考，同时在巡视时重点关注班里的几个"学困生"，对他们适时进行提示和点拨。调整后的课堂教学，学生学习的主动性高了，研讨的氛围浓了，全班交流时，学生踊跃发言，积极阐述自己的算法。[①] 其原因主要是教师通过与学生的访谈及时了解了学情，找到了学生学习的真实起点，并改进了教学。

问卷法虽不及访谈简便，但可以获得比访谈法更多的信息。问卷的设计可繁可简，调查的学生人数根据实际情况可多可少。一位高中生物教师给高一学生上新学期第一堂课，虽然教师进行了精心准备，但并未收到预期的效果，课堂气氛沉闷，学生参与被动，分组讨论流于形式，师生互动效果差。反馈练习的检测也表明，虽然简单的知识记忆还不错，但理解性强、灵活性运用要求高的训练题，回答比较差，学生关于这一部分知识的迁移能力没有形成。课间，不少学生围绕教师提出了许多问题，但在教师看来这些问题简直不应该成为高中生的问题。学生提出的问题以及在课堂上的表现出乎意料，引发了教师的思考。带着诸多疑问，针对本节课，该教师设计了如下问卷，对学生进行了生物课学情调查。[②] 从调查反映的情况看，这堂新授生物课没有达到预期效果的重要原因在于学生的课程经验不足。

表 6－1

问　题	选　择　项　目
1. 你初中上过生物课吗？	A. 上过，且学得很认真
	B. 上过，但不太正常，学得也不认真
	C. 没有系统上过，只是为应付考试，突击背过有关考试的内容

① 牛献礼：《学情调研，有效教学的"探雷器"》，载《小学教学》(数学版)，2011 年第 5 期。
② 孙立祥：《一堂高中生物新授课引起的学情调查与教学反思》，载《中学生物学》，2012 年第 8 期。

续 表

问　题	选择项目
2. 假如你初中上过生物课，那么诸如“草履虫、病毒结构、人体生理”等基本知识在你的头脑中究竟还剩多少呢？	A. 这些知识仍然很清楚
	B. 还能记住大概
	C. 所剩无几
3. 本节课中影响你听课的最大障碍是什么？	A. 前知识准备不足，导致新知识不能很好理解，上课听不懂
	B. 老师上课水平不够，分析讲解不到位
	C. 教学方法、手段不太适合
	D. 其他
4. 上本节课之前，你在知识层面有过积极的准备吗？是如何准备的呢？	A. 有准备，主要是将书简单地预习一下
	B. 有准备，不仅预习课本，而且还将与本节课有关的初中知识好好地复习了一遍
	C. 根本没有任何准备，就等着老师上课讲解
5. 你赞同老师上课时所采用的“合作交流、自主探究”的学习形式吗？为什么？	A. 赞同，因为这种形式易于培养学生的学习自主性与积极性
	B. 赞同。因为这种形式便于同学之间互通知识有无，取长补短
	C. 不赞同，因为这种形式太浪费时间，不利于大容量的知识学习
	D. 其他
6. 针对本堂课学习，你对老师的上课有哪些建议？	A. 了解学情，为学生提供必备的铺垫知识，用以更好地学习新知识
	B. 更新教学手段，增加知识传授的兴趣性
	C. 教师提升教学水平，吸引学生更好地参与课堂
	D. 更新教学方法和学习方式，引导学生采用“合作探究”的学习形式进行自主学习

课后访谈和问卷调查与课前学情分析的访谈和问卷调查，其操作流程基本一致，在此不再展开论述。

学生评教也是一种有效的学情分析方式。学生作为教学活动最直接的参与者，对教师教学状态及效果有亲身的体验，他们最有条件了解教师课堂教学的真实状况，因此，学生作为一种评价的主体，不能无视其重要性。国外有学者很早就指出，学生与教师有面对面的教学经验，他们能够比学校行政人员或其他教师更清楚地了解教师的教学情形，所以他们评价教师教学的结果比其他各类人员的评价结果更为可靠。

学生评价教学是学生通过对教师的教学活动是否满足自己的需要，是否达到教学的计划目标做出判断的过程。近些年来，学生评教在国内教育教学实践中得到一些实施，但引起了诸多异议。原因在于很多学校仅仅将学生评教当作管理教师的一种手段，使得学生评教与教师具有较强的利害关系，给教师造成很大的心理压力，因此很多教师认为学生评教弊大于利，也无法促进教师自我反思和教学改进。[①] 实际上，西方许多研究证实，在教师教学的各类评价中，学生评教是最直接、最重要且最客观的评价方式，而且当学生评教与教学咨询、专业支持紧密结合时，能有效地促进教师的专业发展。西方研究的主要成果可以归纳为两个方面：一是学生评教信度高，许多研究显示学生评教的信度都介于 0.80 至 0.90 之间；二是学生评教被接受的程度远远超过教师自评、同事互评以及行政人员的评价。当然，对具体的教师而言，学生评教能否达到预想的效果，还与教师是否有改进教学的动机和意愿，教师是否知悉教学改进的方法，教师是否支持学生评教等因素有关。

在西方国家，由于学生评教的实质不是“学生评价教师”，而是“学生评价教学”，它们不是把学生评教作为教师的管理手段，而是作为教师改进教学的方法，教师能够通过学生评教系统地听取学生的意见，进行更为有效的教学。这说明，只要运用正确，学生评教（学生评价教学）可以成为上课教师进行学情反思，获取教学反馈，改进教学的有效方法。

学生评价能否达到预期的效果，不仅与评教的定位有关，也与学生的评价能力有关。从学生发展的特点看，小学生对外在现象的评价处在前习俗水平，自己的独立评价能力较差。初中以后的学生，其抽象思维开始占相对优势，思维的独立性、批判性有了显著发展，他们对于教师的态度不再像小学生那样偏重于情感的依恋，而是有了较高的独立评价能力，能够对教师的教学做出较为客观的评价。高中生不仅能从个性品质去分析别人，评价别人，还能从个性品质上分析自己、评价自己。[②] 因此，在初中以

---

① 赵德成：《中小学教师对学生评教利弊的态度》，载《教育研究与实验》，2007 年第 3 期。

② 许其瑞著：《中学教育心理学》，华东师范大学出版社 1997 年版，第 58 页。

上的学生中开展评教是可行的。在学生参与评教的数量上，有调查显示，学生代表与全班学生评教的效果没有显著性差异。① 从长期的发展看，学生对教师教学效果的评价基本上是稳定的，学生评教的信度系数可以与客观的测验媲美。② 这些都为教师开展学生评教的有效性提供了理论和实践依据。

学生评教反馈的信息，不仅可以帮助教师了解自己在教学中的优势与不足，还可以帮助教师了解学生对教学的兴趣、态度、需求等。为了发挥学生评教应有的促进教师发展的效果，可以采取教师自主的学生评教模式，这种模式由希望了解学生意见的上课教师主动发起，评教的结果只有教师本人知道。许多教师在设计学生评价问卷时，都侧重于知识教学，由此编制的测量工具大都体现了知识讲解等“以教师为中心”的教学思想，导致教师主动，学生被动，学生对评教存在抵触心理。国内有研究者在参考西方研究的基础上，以学生为中心，结合多元智力理论的个性化教学思想，注重课堂互动以及尊重学生个别差异，从学生评价的视角，编制了《初中生评价教师教学有效性问卷》，具有良好的结构效度、交叉效度和较高的内部一致性信度。③

在实际的教学中，教师可以根据自己的实际情况和需要综合运用上述方法，以便获得更丰富更有效的课堂学情信息。但如何对这些信息进行分析，从中甄别出问题，达到教学反思和分析学情的目的呢？这需要经过三个阶段：识别问题—情景描述—分析重构。④

首先，教师需要识别学生在课堂教学中存在的问题。教师获得的课堂学情信息，只是一种表面的、细节性的现象。这些现象是否真的存在问题，又存在何种问题，还需要教师对课堂学情信息加以分析，透过现象把握本质。能够从貌似正常的情景中发现问题，是专家教师与普通教师的关键区别之一。

按照教师素质与能力的综合表现，结合教龄，教师的专业发展可以划分为不同的阶段。国内外大量研究都显示，在专业发展过程中，不同阶段的教师重点关注的事物并不一样，而且依据一定的次序进行更迭，并呈现出相对不变性、序列性和等级性。处于不同发展阶段的教师，由于他们所关注的问题不同，分析问题的能力也不一样，因此他们获取的信息和对信息的解读也不一样。处于适应期和初步成熟期的教师，他们关

---

① 王银牛：《对学生评教评学问卷调查的评价》，载《山西统计》，1998 年第 6 期。
② 罗清旭：《论学生评教的效力》，载《辽宁教育研究》，2000 年第 7 期。
③ 柳恒超等：《初中教师教学有效性评价问卷的编制》，载《心理与行为研究》，2010 年第 3 期。
④ 赵明仁等：《从教学反思的过程看教师专业发展》，载《教育研究与实验》，2007 年第 4 期。

注的重点是教材内容，他们缺乏的是与学生进行有效沟通的方式与个性化教学方法，学生尚不能成为他们关注的重点。这些不足制约着他们难以观察到全班学生，获得全面的学情信息，也难以从学情信息中识别问题。他们很多并没有意识到教学中明确的矛盾冲突，只是对一些比较深刻的教学活动有所感悟，从而引起教师的思考，但这类“问题”并不是真问题，而只是感触。而成熟期的教师和专家教师则不存在这些问题。这就要求适应期和初步成熟期的教师，在进行学情收集和问题识别时，能够有意识地克服自己的短板，弥补自己的不足，拓宽自己的视野，提高问题的识别能力，尽管这一能力会随着教师的专业发展不断发展。

其次，教师对问题的识别要与课堂情景相联系。情景学习理论与建构主义都认为，学习不仅是主动参与的过程，更具有情境性。学习都是处在特定的情景之中的，不存在非情景化的学习，“情景性在所有认知活动中都是根本性的……使学习的内涵远远超过了理解的获得”。[①] 只有在具体的情景中才能更好地界定问题是什么，同样的问题表现在不同的学习情景中具有不同的意义，同样的教育事实，不同的教师会有不同的见解和观念，关键是教师要结合自己的教学情景，要找到适合自己的问题解释。

第三，教师需要对问题加以分析与重构。所谓问题的分析与重构，是在识别问题和情景描述的基础上，教师根据自己的理论和教育信念，对教学行为存在的问题进行分析，找出合理的解决方案，并将其运用于自己后来的教学中。在这个环节中，教师常常存在教学反思与教学实践分离的问题。一种是“反而不思”，教师的反思重在对教学情景和存在问题的描述，没有对问题进行深入的剖析，因而无法引领自己未来课堂教学行为的改进。这类反思更多的是故事的讲述。另一种是“思而不反”，教师将对教学的反思作为反思活动的终结，没有将教学反思与教学实践（过去、现在和将来）联系起来，因而也无法引领自己未来课堂教学行为的改进。这类反思是“为反思而反思”。反思源于实践，并归于实践（从实践中来，到实践中去），离开了实践，教学反思就失去了载体和存在的价值。

① ［美］乔纳森著，郑太年等译：《学习环境的理论基础》，华东师范大学出版社 2002 年版，第 27 页。

第二节　课外作业与学情分析

课外作业是教师正式布置的，并要求学生在课外时间必须完成的学习任务，它是课堂教学的重要组成部分，是课堂学习的延续。课外作业与家庭作业是两个内涵相互重复的概念，课外作业强调的是完成作业的时间，家庭作业强调的是完成作业的地点，因此这两个概念经常被作为意义完全相同的词来使用。本书统一使用课外作业来指称。

2011 年颁布的《义务教育语文课程标准》指出：教师要精细设计作业，要有启发性，分量要适当，不要让学生机械抄写，以利于减轻负担。随着教育改革的进行，学生课外作业的形式也发生了变化，由单一的文本性作业逐步向文本性作业和活动性作业等多种形式发展，打破了学生课外作业类型单一，以记忆、背诵等巩固类为主的痼疾。本书所讨论的作业是指文本性作业，主要是因为这类作业是课外作业最主要也是最常用的形式。

课外作业在学生的学习生活中占有很重要的位置，多年来关于中小学"减负"的争论主要就是围绕课外作业展开的。尽管课外作业很重要，但对课外作业进行相关的研究始终没有进入国内教育理论研究的主流视野。国外不少学者不仅对课外作业开展了多方面、大范围的实证研究，还出版了许多专著，如美国学者哈里斯·库伯（H. Cooper）于 1989 年和 1994 年分别出版了《家庭作业》和《家庭作业的争论》。2000 年到 2006 年期间，美国又有学者出版了《家庭作业的终结：家庭作业破坏家庭，使学生负担过重，限制学生学习》、《反对家庭作业的事例：家庭作业如何伤害儿童，我们应该怎么办》，以及《家庭作业的神话：为什么孩子们越来越差》等著作。

课外作业是学生巩固知识、提高学习质量的需要，也是学情反馈的重要途径。教师通过学生完成作业的情况，不仅可以了解学生完成作业的主动性、投入性、专注性，分析学生学习的动机和态度，还能够推导出自己课堂教学中的不足，为改进教学提供方向。如学生的作业中，有时会出现一些共性的错误，这就表明教师对这个知识点讲解得不清楚，或者难度太大，多数学生还没有很好地掌握，需要重新讲述，促使教师反思自己在教这个知识点的时候方法是否恰当，是否正确评估了学生的接受能力；从字迹、正确率等方面，可推测学生的学习和作业的态度是否端正，习惯是否良好。

关于课外作业的作用，美国研究者的看法极为不同，库尔特(E. Coulter)总结道："在教育方面很少有像家庭作业那样的问题使人争论不休。它的拥护者认为家庭作业可以鼓励学生的主动性，培养他们独立学习的技能，让他们有时间实践和应用在校所学的知识。而它的批评者则反驳说，家庭作业侵占了儿童的空闲时间，使他们不能参加集体活动。"课外作业对于学生的影响不可一概而论，不同年龄的学生、不同的作业时间、不同的科目，乃至不同的作业类型和不同的批改方式，都会影响作业的实际效果。因此，教师要以科学谨慎的态度对待，特别是在新课改和"减负"的背景下，教师更要加强对课外作业的研究。

合理设计和布置课外作业是加强作业有效性的基础，也是课外作业反馈学情的前提。近年来学生课业负担过重，其根源很大程度就在于课外作业的设计与布置不合理。过重的课业负担不仅达不到提高学业成绩的效果，还严重损害了中小学生的身体健康，也影响着学情反馈的有效性。教师在设计和布置课外作业时，先需要明确三个问题：一是设计和布置课外作业的目的，二是课外作业与学生的学业成绩之间的关系，以及由此产生的第三个问题——课外作业多少合宜。

关于课外作业的目的，美国学者怀恩(W. Wilen)等人指出："布置家庭作业必须谨慎，家庭作业必须由教师认真细致地挑选以便于达到特定的目的……没有目的的家庭作业非但不会改善学生的成绩或有助于学习的气氛，反而会促成他们对家庭作业的消极态度。"①哈里斯·库伯指出："尽管不应该指望家庭作业能提高考试分数，但是家庭作业应该能够帮助小学生养成良好的学习习惯，培养积极的学习态度以及向他们传输学习观念，使他们明白在家中、在学校都有学习任务。"②美国华盛顿大学的阿密泰·埃西奥内教授也指出，家庭作业的目标不在于使学生接受大量的信息，而主要是培养注意力的集中、遵循作业的规范、敢于面对困难并克服它，以及抵御各种使人分心的诱惑等等品质，而学生一旦形成这样品质，其学业成绩就会大幅度提高，并对以后的

---

① 转引自姚利民：《有效的家庭作业策略》，载《湖南师范大学教育科学学报》，2003年第6期。

② [美]R. J. Marzano 等著，张新立译：《有效课堂：提高学生成绩的实用策略》，中国轻工业出版社 2003 年版，第76页。

发展亦大有好处。①

从这些研究者的论述中可知，课外作业的目的是多方面的，并不仅仅是为了提高学生的学习成绩，更重要的目的是促进学生良好学习品质的养成，而且课外作业的目的还要与学生的学段相结合，不同学段学生的课外作业的目的是不一样的。但是在我国，由于深受苏联教育家凯洛夫教育思想的影响，课外作业以知识为中心，这种作业形式有利于学生系统性知识的获得、学业成绩的提高、理性思维的训练等，但其“形式单一，内容抽象、重复、枯燥……渐渐成为外在于学生的、远离了现实生活的、学生被迫完成的苦役与负担，成为教师延长课堂教学时间、教学管理和惩罚学生的手段，是‘异化’的作业”②，它忽视了对学生情感、态度和价值观的关注。

关于课外作业与学生学业成绩的关系，一般的观点认为，学生多做些课外作业总是有利于学习成绩的。但这种相关性是相对的，并没有充分的证据表明多做作业就必然会提高学生的学业成绩。课外作业对于不同年龄学生的影响也不一样，随年级越高效果越显著。从西方的一些研究来看，课外作业对高中学生的影响最大，对初中生的影响次之，但程度减半，对小学生的影响最小，为初中生的一半。基于此，小学阶段的课外作业的主要目的是培养学生对学习的积极态度，形成良好的学习习惯和方法，初高中的课外作业的目的才侧重于学习成绩的提高。

由于课外作业并不必然提高学习成绩，因此课外作业的量就成为了值得思考的问题。有研究发现，在课外作业上花费太多的时间，并不能自动地提高学生的学业成绩：在小学和初中，做家庭作业超过一小时就不能提高学生的学业成绩，在高中尽管课外作业费时越长，学业成绩越见提高，但也有一个临界点，超过这个临界点学业成绩就会逐次下降。因此，对不同学段学生课外作业的时间作出明确规定是十分必要的。例如，美国家长教师联合会和美国教育联合会在 2000 年提到，小学二年级学生的家庭作业时间在 10—20 分钟最为有效，3—6 年级学生为 30—60 分钟，初中学生为 1—2 小时最佳。美国高中学生每天的家庭作业时间为 2 小时左右。上海的 PISA 测试结果表明，学生在每周 11 小时作业时间内，平均成绩随着作业时间增加而提高，但超过每周 11 小时作业时间后，平均成绩反而下降了。这说明，每周 11 个小时的作业时间是合

---

① 参见杨宁：《从自我调节学习的角度看家庭作业》，载《课程・教材・教法》，2004 年第 11 期。

② 王静娴著：《我国中小学家庭作业价值观研究：师生视角的双重透视》，华中科技大学出版社 2006 年版，第 18 页。

理的阈值。

随着学生年级的不断升高，学习的科目越来越多，为了保证学生课外作业适量，不同学科教师之间的相互协商与合作是十分必要的。但在我国的中小学，各科教师之间的协调并不常见，直接导致学生家庭作业量过多，不仅增加了学生的学业负担，达不到提高学生学习成绩的目的，还容易引起学生对课外作业的消极态度，“如果学生对作业没有一个相对积极的看法，那么作业不可能实现它在促进学生内在技能，诸如时间管理和学习自觉性发展上的作用”。①

此外，很多教师对于课外作业的布置随意笼统，针对学情的少，也是值得注意的现象。要改变这种状况，教师在课外作业的布置上要有针对性。一是针对学科的特点，设计形式多样、题型新颖的作业，激发学生的兴趣，重复、机械性的课外作业只会成为学生的课业负担。二是针对学生的实际情况，突出课外作业的层次性，实现课外作业的个性化。课外作业对那些没有掌握技能的学生来说几乎没有任何学业好处，对那些已经掌握了技能的学生而言也没有用或者是用处微乎其微，因此课外作业需要体现出层次性。层次性是指根据学生学习成绩的不同，设计难易程度不同的课外作业。分层作业符合“最近发展区”理论，也有利于因材施教。三是突出作业的自主性，将课外作业分成必做和选做，必做的课外作业具有强制性，要求学生必须完成，选做的作业主要是针对学习优秀的学生和学习困难的学生设计的。库伯的研究证实，必做和选做相结合的课外作业最有益于学生的学习。选做的课外作业对于学习困难的学生尤其重要，因为这类题目可以帮助他们逐步改善学习成绩，增强他们学习的信心，形成对学习的积极态度。

明确上述三个问题可以更好地帮助教师进行课外作业的设计与布置。良好的课外作业不仅能够培养学生的学习习惯，激发学生的学习兴趣，提高学生的学业水平，也能真实地反映出学生的知识掌握情况，有利于教师的学情分析。但给学生布置好课外作业后，教师需要加强监控，给学生提供必要的帮助，以保证学生完成课外作业过程是真实的，作业反馈出的学情是可靠的。鉴于我国特殊的国情，有两类学生在完成课外作业中特别需要教师的监控与支持：一是弱势群体儿童，包括农村的贫困家庭儿童、留守儿童以及城市下岗失业家庭儿童与外来务工群体家庭的儿童；二是父母工作忙碌无

① 参见杨宁：《从自我调节学习的角度看家庭作业》，载《课程·教材·教法》，2004 年第 11 期。

法及时关注学生的作业，或家庭相关学习资源匮乏的普通家庭中的儿童。①

让家长参与到学生的课外作业中来是一种有效的监控方式，家庭教育与学校教育的结合是学生健康成长的重要条件。20 世纪 90 年代在美国兴起了一种家庭作业形式——交互式家庭作业，这种作业要求教师和家长都参与学生的课外作业。其过程如下：首先，教师明确告知学生和家长此次作业任务的题目、所要达到的目标以及所需培养的技能；其次，列出作业任务所需完成的大概步骤，并对所习得的技能进行分析；第三，邀请家长参与、讨论，提出需要修改的问题，同时要求家长和学生签名；第四，根据反馈的信息不断完善下次的作业任务。② 在我国中小学，很多学校也要求家长参与学生的课外作业。但有研究显示，父母参与学生的课外作业具有正负两方面的作用，自主支持型、引导型的父母参与学生的课外作业，可以增强学生的努力程度；而控制型的父母参与学生的课外作业时，则会削弱学生的努力程度。③ 对于参与到学生课外作业中的父母而言，非常重要的一点是要充当好自己的角色，在学生完成课外作业的过程中家长的作用是督促、指导，而不是替学生完成课外作业，否则课外作业就无法真实反馈学情。这就要求教师在设计作业时要清楚地分配任务角色，并尽可能地与家长沟通，以及对家长进行必要的培训。

在课外作业真实反映学情的基础上，教师能不能通过对课外作业的批改解读出隐藏在学情深处的“秘密”，以及如何对此进行处理，是依据课外作业进行学情分析非常重要的环节。这需要教师重点做好以下几方面工作：

首先，要改变传统的作业批改方式。有调查显示，教师们都认为批改作业十分重要，普遍采用“全批全改，精批细改”的单一式批改方式，并且忽视评语的使用。④ 这种批改方式存在三方面的不足：一是费时费力，教师要将大量的时间花费在作业的批改上，每次批改作业大概要花费三四个课时，减少了教师研究学生、研究教材、研究教法等方面的时间，不利于教师教学水平的提升。二是这种方式将学生排斥在外，教师既看不到学生做作业时的思维过程、参与程度，也无法了解学生的情感、价值观等，不利于教师准确分析学生的学习情况，以及自身课堂教学的情况和作业设计的情况。三是不利于作业批改情况的反馈。学生对教师批改的作业通常持四种态度：根本不看；看

---

① 李臣之等：《发展主义作业观》，载《课程·教材·教法》，2013 年第 7 期。
② 张巧利：《交互式家庭作业：流行美国的家庭作业新概念》，载《外国中小学教育》，2006 年第 12 期。
③ 刘影等：《中学生家庭作用努力及其影响因素》，载《心理科学进展》，2013 年第 8 期。
④ 尹瑶芳：《小学数学作业批改现状的调查分析》，载《上海教育科研》，2006 年第 8 期。

了却没看懂；虽然看懂了，但没有认真思考，留下的印象不深；对教师批改的内容进行了认真的思考，并悟出一些道理。只有持第四种态度的学生，才能从教师批改作业中获得教益。但大部分学生对于教师批改的作业不看也不思考，或者只是粗略地看也不思考，是一种比较普遍的现象。[①] 这就消减了教师"全批全改"的功效。

叶圣陶曾说："教师改作文是够辛苦的。几十本，一本一本改，可是劳而少功。是不是可以改变方法呢?"他还说："我当过老师，改过学生的作文本不计其数，得到个深切的体会：徒劳无功。我先后结识的国文教师语文教师不在少数，这些教师都改过不计其数的作文本，他们得到的体会跟我相同，都认为改作文是一种徒劳无功的工作；有的坦率地说，有的隐约地说，直到最近，还听见十几位教师对我坦率地说徒劳无功。但是大家还在干，还要继续干下去，不是很值得想一想吗?"其实，对学生而言，教师以何种方式批改作业并不重要，重要的是作业的批改要让学生知道自己作业中的问题所在。有调查显示，54.3%的学生认为"作业是否批改无关紧要，但作业中存在的问题一定要及时讲评"，23.2%的学生认为"可以批改部分以了解学生的问题所在"，即近八成的学生认为教师反馈作业的方式应以"让学生清楚作业中存在的问题为主"，说明学生更注重作业反馈的实效性。[②] 因此，教师包办批改作业的合理性在降低，改变课外作业的批改方式是十分必要的。有研究者提出教师"零作业批改"，把作业批阅权归还给学生，并通过实验证明只要教师把批改作业的时间转移到研究学生学习问题并加强个别指导上，"零作业批改"非但不会降低教学质量，相反还改善了师生关系，促进教育质量全面提升。[③]

教师少批作业或"零作业批改"，是要让学生参与到作业的批改中来。学生参与课外作业的批改，是学生主动学习的过程，可以帮助学生逐步摆脱对教师的依赖并"温故知新"。为提高学生互批作业的效果，教师需要做好以下工作：一是树立学生正确的态度，培训学生批改的技能。二是组织学生以小组的形式在课堂教学中进行作业互批，这样教师可以给予学生及时的指导，提高作业批改的质量。要求学生以小组的形式进行批改，让小组讨论汇总作业批改情况，填写"作业批改记录表"，并将结果反馈给教师，确保教师能及时获得有关作业情况的信息。三是教师要做好"问题跟踪"，根据"作

---

① 参见刘学廷：《作业批改对教与学的促进》，载《生物学通报》，2011 年第 9 期。
② 陆超群：《高中数学作业批改情况的调查分析》，载《教学月刊》(中学版)，2009 年第 2(上)期。
③ 熊川武：《论中学教师"零作业批改"》，载《中国教育学刊》，2007 年第 5 期。

业批改记录表”反馈的情况，对学生存在的问题进行全班性的指导或个别化的指导，帮助学生形成正确的认识和习惯，掌握较完整的策略，使学生也能够及时得到自己完成作业的情况，强化学习效果。

课外作业批改方式的变化，对教师而言是把教师从无效或低效的劳动中解放出来，使教师有更充足的时间来研究学生的学习问题；对学生来说，是学生自我教育的一种方式，既可以帮助学生复习前节课的教学内容，也可以使学生养成反思和发现问题的能力，提高学生的问题意识和依据问题开展学习的自觉性。

其次，要重视作业批改中的评价反馈。学生完成课外作业后，教师在批改过程中采用何种评价反馈方式对学生的影响是存在差异的。许多教师十分重视作业批改后的讲评，却不重视作业批改的评价反馈方式。当然，讲评也是一种反馈方式，但讲评反馈的内容主要涉及学生的知识与技能、过程与方法层面，而学习的过程不仅仅是一个认知的过程，也是情感态度参与的过程，没有情感参与的学习不可能是有效学习。

教师批改作业常用的评价反馈形式有等级或分数、评语，或者是评语 + 等级或分数。这些不同的反馈方式对学生的影响是非常不一样的。英国心理学家巴特勒(R. Butler)在小学开展了作业反馈形式的研究，结果显示在“评语”、“等级”、“评语 + 等级”三种不同的反馈形式中，得到教师“评语”反馈的学生，他们的学习成绩有明显的提高，得到其他两种形式反馈的学生，学习成绩并没有明显的变化。原因就在于，作业中的“等级或分数”反馈形式，使学生喜欢把自己与他人进行比较，注意力集中在他们的“能力”上，而不是集中在自己努力的重要性上，同时这也易使成绩差的学生的自尊心受损。当学生作业得到的反馈是“评语 + 等级”时，他们拿到作业本后，喜欢做的第一件事是比较彼此的等级，而很少阅读评语，可见等级影响了评语的反馈作用。美国心理学家佩奇(E. B. Page)曾对 74 个班的 2000 多名学生的作文进行过研究。他把每个班的学生分成三组，分别给予三种作文记分方式。第一组的作文只给甲、乙、丙、丁一类的等级，既无评语，也不指出作文中存在的问题。第二组不仅给予等级，而且给予特殊的评语，但获得同一等级的作文的评语是一样的，不同等级的评语不一样。如对甲等成绩，评语为“好，坚持下去”；对乙等成绩，评语为“良好，继续前进”等。第三组除评定等级外，还给予顺应性评语，针对学生作文中存在的问题加以个别矫正，根据每个学生的表现给予相应的建议和指导。结果表明，三种不同的评语对学生后来的成绩有不同的影响。开学时，学生作文水平差不多，期末时学生作文水平的提高程度呈现出不一样的状况。顺应性评语针对学生的个别差异进行有针对性的反馈，效果最好；特殊评语虽有激励作用，但由于未针对学生的个别特点进行具体的反馈，所以效果反而不如顺应性评语；而无评语的那组学生的成绩则明显低于前两者。①

上述研究的结果，可以用英国评价专家布莱克(P. Black)的话进行总结。布莱克指出："在促进学习的评价中，教师通过有效的作业反馈方式使学生理解当前水平与学习目标之间的差距，并为他们提供一系列改进的建议，以缩小学生表现与目标之间的差距，帮助学生形成改进的策略。相对于简单的分数或等级来说，详细的、含有改进建议的作业评语对于改进学生的学习有重要作用。"课外作业的目的是诊断学生学习的问题和提供教学上的反馈，而不是测验学生，因此课外作业批改的结果未必就需要以等级或分数这类冷峻评价的方式来呈现。相反，从"教学的艺术不在于传授本领，而在于激励、唤醒和鼓舞"的角度看，评语是一种更有效的评价反馈方式。那些鼓励性的、教育性的或者建设性的评语，是对学生内心感情的理解，不仅能够向学生反馈作业完成的情况和知识掌握的程度，还能指导学生改进的方向和养成正确的学习态度，将课外作业评价由对单纯知识结果的关注转向对学生生命存在及其发展的整体关怀，从原来简单的判断走向师生对话和情感激励，为学生营造一个充满自信的生长环境。因此，即使教师采取"零作业批改"，也应重视评语在课外作业反馈中的作用，并指导学生撰写评语。

第三，要重视对作业的反思。作业批改完了、讲评结束了，是不是意味着教师对学情分析和反馈的结束呢？答案是否定的，教师还应该根据作业完成的情况，特别是学生课外作业中没有完成的或者不能完成的情况加以分析，了解学生完成作业的过程和学习的效果。具体策略如下②：

学生不完成作业可能有四方面的原因。一是学生学习目的不明确、懒惰，将精力用在非学习活动上。对这种学生教师要向他们提出明确要求，强化学生主动完成作业的意识。对那些经过教育、帮助仍不做课外作业的学生，可适当进行处罚。二是学生疏忽导致课外作业未能完成。对一时疏忽忘记做的学生，教师可给以提示，加以原谅，或者要他们补做。三是学生因学习挫折和失败体验对课外作业持消极态度而不完成。对这类学生教师要在学习上多关心，帮助他们克服落后的状况，同时还可以通过布置个人化、选择性的课外作业，给他们提供成功的机会，使他们对课外作业逐渐由消极态

---

① 参见刘辉：《课后书面作业：来自国外研究者的解读》，载《中小学管理》，2012 年第 3 期。

② 参见姚利民：《有效的家庭作业策略》，载《湖南师范大学教育科学学报》，2003 年第 6 期。

度转变为积极态度。四是对课外作业不感兴趣而不完成。学生对作业不感兴趣可能是因为作业本身的原因，也可能是学生自身的原因。针对第一种情况，教师布置作业应该遵循前述的有趣性的要求。针对第二种情况，教师要向学生说明作业的重要性，使学生认识到作业在学习中的价值和地位，形成产生完成作业的内在动机，主动完成作业。

学生不能完成课外作业主要有三方面的原因。其一，家庭学习环境不适当。对于这种情况，教师要向家长建议为学生完成家庭作业提供安静、舒适的环境，或由学校提供完成课外作业的学习室。其二，因其他学习负担或作业太多而不能完成课外作业。一种情况是学生参加了过多的校外补习或社会活动，导致没有足够的时间完成课外作业，针对这种情况，教师应建议学生合理处理好校内外活动的关系，或针对学生的具体情况适当减少作业。另一种情况是各学科的教师在布置课外作业时没有进行协调，导致作业量太大，学生没办法完成作业。为改变这种状况，教师在布置作业时要事先与所教班级的其他教师协调，使布置的作业学生能够完成。其三，学生缺乏完成课外作业的能力。学生因为没有掌握完成课外作业的方法或策略，或没有形成良好的完成课外作业的习惯，或不具备完成课外作业的能力，因而不能完成课外作业。对这种学生教师要培养他们的学习习惯，教给他们完成作业的方法或策略，同时教师要敦促家长监督、指导、帮助、支持学生按时按质完成课外作业。